Anna Pelka

Mode – Jugend – DDR

Titelbild: Das Foto aus dem Jahr 1969 bewirbt nicht das rote Kleid, sondern den Regenschirm. akg-images AKG221942 / Günter Rubitzsch
4. Umschlagseite: Vorschlag für Jugendmodekollektion des Modeinstituts der DDR.
Fachdokumentation „Mode ’88“, Herbst-Winter 1988

Dr. Anna Pelka ist Kunsthistorikerin und Historikerin. Sie studierte 1994–1999 an der Universität Warschau und promovierte 2006 an der Ruhr-Universität Bochum. Seit 2016 habilitiert sie an der Universität Regensburg. In Deutschland publizierte sie u.a. die Studie „Jugend – Mode – Politik. Vergleichende Analyse der Jugendmode im Kontext der kulturellen und politischen Entwicklung der VR Polen und der DDR 1968-1989“ sowie „Vademecum of Contemporary Spanish History. From The Civil War to Democracy. A guide to archives, research institutions, libraries, associations, museums and sites of memory“.

Landeszentrale für politische Bildung Thüringen
Regierungsstraße 73, 99084 Erfurt
www.lzt-thueringen.de
2018

ISBN: 978-3-946939-21-4

Inhaltsverzeichnis

Einführung

Modeforscher und Soziologen sind sich einig: Ein Kleidungsverhalten kann als Mode bezeichnet werden, wenn es von vielen Menschen zur gleichen Zeit getragen wird. Ein Individuum kann zwar als Innovator eine modische Neuerung einführen, diese wird jedoch erst zur Mode, wenn sie von einer relativ großen Zahl an Individuen übernommen wird. Neben diesen sozialen und zeitlichen Aspekten charakterisiert sich Mode zusätzlich durch die Kurzlebigkeit der einzelnen Modeausprägung bzw. die Schnelligkeit des Modewandels: Von Mode kann nur gesprochen werden, wenn nicht nur etwas Neues kommt, sondern wenn dieses Neue schnell wieder verschwindet. Diese Aspekte der Mode sind am stärksten im Bereich der Jugendmode vertreten, weil Jugendliche unseres Kulturkreises der Kleidung ausschließlich in Form von Mode begegnen.

Um all diese Aspekte der Mode erfüllen zu können, braucht Mode die „Freiheit des Machens und Tragens“[1] und die wirtschaftlichen Kapazitäten, um dem schnellen Wechsel gerecht zu werden. Darüber hinaus wird Mode als ein zentraler Bestandteil demokratischer Gesellschaften angesehen. Nur der Wettbewerb der Ideen in einer pluralen Gesellschaft lässt Mode zu. Wirtschaftlich ist Mode eng mit dem Wettbewerb um Produktion, Standorte und Gewinn verbunden.

Ein so verstandener Modebegriff ist genau das Gegenteil von Mode in einer Diktatur. Nimmt man die kommunistische Diktatur der DDR, in der der Alltag vom „real existierenden Sozialismus“ geprägt war, drängen sich einige Fragen auf: Wie konnte sich Mode in einem zentralgesteuerten Staat entwickeln? Welche Funktion hatte sie für das Regime und welche für die Gesellschaft? Welche Vorbilder wurden propagiert und welche Alternativen waren im Modeverhalten möglich? Diese Fragen sollen im Folgenden am Beispiel der Jugendmode in der DDR thematisiert werden.

1 Ingrid Loschek, Mode. Verführung und Notwendigkeit. Struktur und Strategie der Aussehensveränderungen, München 1991, S. 171.

Jugendliche suchen nach ihrer Identität und werden mit der eigenen Stellung in der Welt konfrontiert. Bei ihren Versuchen, sich von der Erwachsenenwelt abzugrenzen, wird das Äußere – die Kleidung, Accessoires, das Make-up – zum Ausdrucksmittel. Mit dieser Hilfe werden die Trägerinnen und Träger von Mode als Individuen sichtbar, sie können aber auch die Zugehörigkeit zu einer sozialen Gruppe zeigen. Diese Prozesse verlaufen allerdings meist den Vorstellungen der Erwachsenen entgegen. Nicht immer entsprechen die Bedürfnisse und Ideen der Jugendlichen den gesellschaftlichen Normen.

Individualisierungsversuche seitens der Jugend gab es in Deutschland bereits unmittelbar nach dem Kriegsende 1945, auch wenn die Nachkriegszeit vor allem von Versorgungsmängeln und Wohnungsnot geprägt war. Kleidung war neben Nahrungsmitteln, Kohle und Medikamenten das Ziel vieler Diebstähle und Schiebereien auf dem Schwarzmarkt. In den ersten Jahren nach dem Zweiten Weltkrieg wurde oft deutsche Armeekleidung, vor allem überarbeitete Mäntel der Wehrmacht, getragen. Mode war dies nicht, mehr eine Notwendigkeit. Unter den jungen Menschen war alles beliebt, was aus Amerika oder England kam. Die amerikanische Armeekleidung wurde zum Zeichen der Freiheit, die junge Deutsche mit den USA verbanden, dazu gehörten auch „Erfindungen“ wie Jazz-Musik, Jeans, Texashemden, neue Frisuren, Kaugummi, aber auch Nylonstrümpfe. Dies alles war in der unmittelbaren Nachkriegszeit auch in Deutschland zugänglich und konnte von den deutschen Jugendlichen persönlich „erlebt“ werden.

Die Sowjetische Besatzungszone grenzte sich bald durch ein anderes politisches und wirtschaftliches System von den Westzonen ab. In der so genannten Ostzone war alles knapp. Dennoch tauchten die amerikanischen Produkte auf den Schwarzmärkten auf und man konnte sie im noch ungeteilten Land überall finden.

Bald jedoch fiel die US-Mode bei den kommunistischen Ideologen der DDR in Ungnade. 1949 wurde auf dem III. Parlament der Freien Deutschen Jugend (FDJ) in Leipzig der

Transformationsprozess der Jugendorganisation FDJ zu einer SED-Massenorganisation abgeschlossen. Die gesamte Jugend sollte am Aufbau des Sozialismus teilhaben. Die Jugendpolitik wurde darauf ausgerichtet, die junge Generation im Sinne des Marxismus-Leninismus zu formen. Das Ziel war, einen neuen Menschen zu gestalten, eine gezielte Ideologisierung unter den Jugendlichen durchzuführen und zukünftige Parteimitglieder zu gewinnen. Dementsprechend waren die Individualisierungsprozesse seitens der Jugendlichen unerwünscht. In der DDR sollte Identität nicht über den Weg etwa einer individuell gewählten Mode entwickelt werden, sondern sie wurde vielmehr vom Staat vorgegeben. Aus Sicht der sozialistischen Obrigkeit hatten die Interessen der Jugend prinzipiell mit den Interessen des Staates und der Partei deckungsgleich zu sein. Die Uniformierung der Jugend, die der Vielfalt der Mode – aus westlicher Sicht ihre natürliche Eigenschaft – widersprach, sollte die gewünschte Identität stiften. Die Ideologen sahen in einer gezielt entwickelten Jugendkleidung eine identitätsstiftende Rolle und zugleich einen effektiven Weg, wie es offiziell hieß, „eine sozialistische Persönlichkeit zu entwickeln, [und] Jugendliche zu einer hohen Leistungsbereitschaft für die Gesellschaft zu stimulieren“.[2]

Diese Bemühungen kollidierten jedoch bereits in den Fünfzigerjahren mit dem Drang der Jugend nach Abgrenzung, was zu Konflikten führte. Die Interessen der Jugend und des kommunistischen Staates waren immer gegensätzlich: während die Jugendlichen prinzipiell nach Individualismus strebten, sich für die westliche Massenkultur begeisterten und sich für die Politik oft nicht interessierten, förderte demgegenüber die kommunistische Ideologie den Kollektivismus; der Westen wurde als Feind angesehen und jeder Lebensbereich politisiert. Dennoch unterlag dieses schwierige Verhältnis zwischen Jugend und Partei ständigen Veränderungen. Die Partei änderte ihre Strategie auf Grund politischer

---

[2] Modeinstitut der DDR, Bereich Modeforschung, Studie zur Tätigkeit von Jugendmode-Clubs in der Leichtindustrie der DDR, Berlin 1985, Stiftung Stadtmuseum Berlin, Modesammlung SM 31-25, Bl. 2.

Süddeutsche Zeitung, Bild-ID 01120987, Klaus Morgenstern

Berlin 1976: Mitglied der FDJ (Freie Deutsche Jugend) in Uniform (Blauhemd) und mit roter Nelke.

Interessen und die Jugend handelte auf generationsspezifische Art und Weise. Allerdings erkannte und berücksichtigte die staatliche Modeindustrie erst im Verlauf der Sechzigerjahre das Bedürfnis der Jugendlichen nach jugendgemäßer Mode Schritt für Schritt.

Der Feind kleidet sich amerikanisch

Bereits im Jahre 1952 wurde in Ost-Berlin das „Institut für Bekleidungskultur“ gegründet. Dort wurden im Verlauf von zwei Jahren Musterkollektionen entwickelt, die in staatlichen Industriebetrieben produziert und später im staatlichen Handel verkauft werden sollten. Das „Modeschaffen“ wurde zentral gesteuert, indem Voraussetzungen, Mittel und Grundlagen von der Partei bestimmt werden sollten. Dabei verstanden die DDR-Ideologen den traditionellen Modebegriff als ein „Relikt einer bürgerlichen Massenkultur“[3] und ersetzten ihn durch „Bekleidungskultur“, der nicht nur Modeschaffung, sondern auch die „Erziehung zu gutem Geschmack“ umfasste. Dabei verkündete Ost-Berlin im Kontext des Kalten Krieges und des ideologischen Kampfes gegen den Westen, dass die sozialistische Mode „frei von Einflüssen der amerikanischen Unkultur“[4] sein sollte. Die Jugendschutzordnung von 1955 warnte auch ausdrücklich vor der „im Adenauer-Staat propagierten amerikanischen Lebensweise“.

Und trotzdem bildeten sich vorwiegend in den Städten Jugendgruppen, die einen eigenen Lebens- und Kleidungsstil bevorzugten. Die „Halbstarken“ in der DDR waren fasziniert von Jazzmusik, die sie durch westliche Radiosender hörten, und kleideten sich dementsprechend im – nach ihren Vorstellungen – amerikanischen Stil: Jeans und Lederjacken, Schuhe mit sehr dicken Sohlen, sehr enge Hosen, selbstbemalte, bunte Krawatten wie auch buntgestreiften Socken und charakteristisch geschnittene Enten-Schwanz-Frisuren gehörten zu diesem Stil.

Für die Obrigkeit wurde diese „extravagante“ Kleidungsform als gefährlich für die Charakterbildung der Jugendli-

---

3 Zit. nach Anna-Sabine Ernst, Mode im Sozialismus. Zur Etablierung eines „sozialistischen Stils“ in der frühen DDR, in: Ralf Rytlewski (Hg.), Lebensstile und Kulturmuster in sozialistischen Gesellschaften, Köln 1990, S. 73.

4 Elli Schmidt, Das Institut für Bekleidungskultur und seine Aufgaben, in: „Die Bekleidung“ 1/1954, S. 2.

chen angesehen; für die Jugend wiederum stellte dieser Stil eine bessere Alternative zu den ideologisch beschränkten Kleidungsvorschriften der Partei dar. Denn die Kleidungsindustrie in der DDR sah sich nicht nur vor dem Problem der fehlenden Attraktivität für die Jugendlichen gestellt, die sich

Archiv Bernd Lindner

aus der Uniformierung und den Vorschriften ergab; hinzu kam noch, dass es durch die Verstaatlichung des Handels und der Kleidungsindustrie, die immer noch unter einem Mangel an Ressourcen litt, unmöglich geworden war, qualitativ gute Kleidung zu einem niedrigen Preis zu kaufen.

Somit bildete sich eine Modestilistik aus einer Mischung von Kleidungstücken, die auf illegalem Wege in den Osten gelangte, sei es in den Paketen von Westverwandten, sei es auf den Schwarzmärkten oder im Westen des noch nicht geteilten Berlin gekauft oder selbst geschneidert. Von der Obrigkeit wurde diese Begeisterung für die westliche Popkultur als Ausdruck einer Anti-Haltung gegen das System gedeutet. So gekleidete Jugendliche wurden als „Rowdies“, d.h. „randalierende Jugend“ bezeichnet, wobei in den Fünfzigerjahren unter „Rowdies“ meist noch das männliche Geschlecht verstanden wurde. Aus der Sicht der Obrigkeit war das „Rowdytum“ Ausdruck von Disziplinlosigkeit, die einerseits die Jugendlichen von den Problemen des sozialistischen Aufbaus fernhielt, andererseits ihre bewusste gesellschaftliche Arbeit behinderte. Die jugendlichen Cliquen, die an den

Sibylle, 1960/5

Sibylle, 1960/5

Ecken standen, rauchten, tanzten oder Musik hörten und auffällig angezogen waren, wurden schikaniert und von der Schule oder Arbeit verwiesen.

Daher war die Besorgung jugendlicher Kleidung und Medien in der Bundesrepublik Deutschland nicht ungefährlich, denn nicht nur für Herstellung und Verbreitung, sondern auch für die Einfuhr der als „Schund- und Schmutzerzeugnisse" bezeichneten Produkte wurde eine Strafe von bis zu zwei Jahren Gefängnis angedroht. Dies bedeutete, dass auch der Konsum westlicher Comics, Groschenromane, „Gangsterfilme" und Hollywood-Western in West-Berliner Kinos eine kriminelle Handlung der Jugendlichen darstellte. Auch für den Westpaketversand galten besondere Vorschriften, die dafür sorgten, dass die Westprodukte nicht in großer Menge in die DDR eingeführt werden konnten. Der Weiterverkauf der zugesandten Geschenke (denn nur solche durften verschickt werden) war strafbar. Viele Sachen wurden sogar aus der Geschenkliste ausgeschlossen wie z.B. schriftliche und gedruckte Mitteilungen, „anti-demokratische“ Literatur, Kinderspielzeug militaristischen Charakters, Schallplatten, Bilder, Landkarten, Filme, Musikkassetten usw.

„Westpaket“ war eine Bezeichnung für Pakete, die Westdeutsche an Familienangehörige und Freunde in der DDR sandten. Der Ursprung der Idee, den Angehörigen im Osten mit Paketen zu helfen, liegt in jenen Hilfspaketen, die nach dem Zweiten Weltkrieg im Rahmen der „Cooperative for American Remittances to Europe“ (CARE) aus den USA nach Westdeutschland geschickt wurden. Die Pakete mit materieller Unterstützung wurden wenig später im Kontext des Kalten Kriegs von West- in Richtung Ostdeutschland fortgeführt. Aus der Initiative des *Büros für gesamtdeutsche Hilfe* in Bonn ging dann die Kampagne hervor, durch die die Westdeutschen ihren Familienangehörigen im Osten mittels Westpaketen helfen konnten. Dabei war der Versand von Paketen für die westdeutschen Absender steuermindernd.
Der Inhalt der Westpakte musste mit der Aufschrift *Geschenksendung, keine Handelsware* gekennzeichnet werden. Verschickt wurden u.a. Süßigkeiten, Kaffee, Kleidung, Backzutaten und Bettwäsche. Der Versand von Geld war verboten, obwohl oft versucht wurde, es z.B. in Kaffeeverpackungen zu verstecken.

Bei dem Versand von bereits getragener Kleidung war nur eine Desinfizierung und eine Bescheinigung des zuständigen Landesgesundheitsamtes darüber notwendig. Dementsprechend konnte auf diese Weise die zu der Zeit durch die amerikanischen Filme, die in den Kinos West-Berlins gezeigt wurden, bereits sehr beliebte Jeans verschickt werden.

Die Jeans, zu dieser Zeit in der DDR noch als „Niethose“ bezeichnet, war die übliche Bekleidung der filmischen Cowboys. Für die kommunistische Obrigkeit waren der Wilde Westen und die Cowboys ein Symbol der Demoralisierung der westlichen Gesellschaften. Die Jugendlichen, die sich dafür begeisterten und diese Mode nachmachten, wurden daher

So sieht die faschistische Brut der Adenauer, Ollenhauer, Kaiser und Reuter aus!

Nebenstehend veröffentlichen wir das Foto eines Mitgliedes einer Gruppe westberliner Provokateure, die bei Ausschreitungen gegen die öffentliche Ruhe und Ordnung in der Stadt Erfurt von den Sicherheitsorganen unserer Republik dingfest gemacht wurden. Texashemd mit Cowboy, Texaskrawatte mit der Abbildung nackter Frauen, Texasfrisur, Verbrechergesicht — das sind die Ritter der „abendländischen Kultur", die typischen Vertreter der amerikanischen Lebensweise. Dieser Bandit, ein deklassiertes Element aus Erfurt, hat nach einem kurzen Gastspiel auf mehreren Arbeitsstellen in der Republik sich vor längerer Zeit nach Westberlin begeben, weil Gangstertum ihm besser paßte als ehrliche Arbeit. Aus den Aussagen der beim offenen Widerstand gegen unsere Machtorgane verhafteten Banditen geht hervor, daß die ganze Gruppe in westberliner Anlaufstellen kostenlos die Texashemden zur Verfügung gestellt erhielten. Dabei wurde ihnen in Westberlin erklärt: Das alles bezahlt Ernst Reuter! In den Agentenzentralen des faschistischen BDJ für Sabotage- und Diversionsarbeit ausgebildet, bei der Durchführung von Terrorüberfällen gegen westberliner Friedenskämpfer „erprobt", wurde diese ganze Bande faschistischer Provokateure zwischen dem 15. und 17. Juni von Westberlin nach Erfurt eingeschleust, um am „Tage X", das heißt am 17. Juni, Aufruhr in Erfurt zu provozieren. Durch das energische Eingreifen unserer staatlichen Organe und die tatkräftige Hilfe klassenbewußter Erfurter Arbeiter wurde die gesamte Bande ausnahmslos am 17. Juni verhaftet.

Die Verbrecher werden der gerechten Bestrafung zugeführt.

So hausten die faschistischen Banditen

Auch in Halle versuchten am 17. Juni von Westberlin aus gelenkte faschistische Subjekte mit Provokationen Verwirrung unter unsere Bevölkerung zu bringen. Mit Schlagringen und anderen Mordinstrumenten zogen sie randalierend und plündernd durch die Stadt und verübten schändliche Terrorakte. Einige Beispiele werden genügen, um jedem Werktätigen klarzumachen, daß man mit diesen Elementen unnachsichtig abrechnen muß.

Kurt Hugo, geboren 1934, drang z. B. mit einer Gruppe von Provokateuren in den Kreisvorstand des DFD Saalkreis in der Klement-Gottwald-Straße ein, mißhandelte die Freundinnen des DFD, zerschlug das Inventar und hauste wie ein Vandale. Dann stahl er, was ihm unter die Finger kam, nahm Schreibmaschine und andere Gegenstände mit in seine Wohnung.

Ebenfalls ein übler Bursche ist Werner Reuter aus der Dessauer Straße, der schon wiederholt durch strafbare Handlungen in Erscheinung getreten ist. Mit einer Gruppe von Provokateuren überfiel er den VP-Kommissar J. Dieser wurde niedergeschlagen, getreten und schwer mißhandelt. Man raubte ihn vollständig aus. Mit der Schußwaffe des J. wurde dann die Feuerwehr beschossen, die versuchte, die von den Provokateuren angelegten Brände zu löschen.

Eine weitere Gruppe von Provokateuren überfiel die Volkspolizistin B., als sie aus ihrem Wohnhaus trat. Die Meute der Provokateure schlug sie nieder und brachte ihr mit Fußtritten auf Kopf und Leib schwere innere Verletzungen bei. Erst einige vernünftige Passanten halfen der Volkspolizistin und brachten sie in ein Krankenhaus. Durch die schweren Verletzungen besteht Lebensgefahr.

Ein besonders schwerer Junge ist der Bauunternehmer Nyssen, wohnhaft Turmstraße, Ecke Bernhardystraße. Mit einer Meute von Provokateuren drang er in die Wohnung des Volkspolizeiwachtmeisters T. ein, belästigten seine Frau und seine Schwiegereltern. Dabei zog der Bauunternehmer Nyssen aus seinem Rockärmel ein 40 cm langes Messer, in der anderen Hand führte er einen Strick mit sich und rief: „Heute muß Blut fließen, dem T. schneide ich den Hals ab."

Hermann Thieme und Winfried Leetzsch überfielen in den Nachtstunden vom 17. zum 18. Juni den VP-Hauptwachtmeister D. und seine freiwillige Helfergruppe, die den Auftrag hatte, eine Konsumverkaufsstelle zu bewachen. Die beiden faschistischen Subjekte Thieme und Leetzsch versuchten zu plündern, zu stehlen und zu morden. Sie wurden überwältigt, und bei einer Haussuchung fand man bei ihnen drei Pistolen mit 90 Schuß Munition, einen Karabiner, ein Tesching, ferner Feldfernsprecher und andere Ausrüstungsgegenstände.

Neues Deutschland, 21.06.1953

als Systemfeinde abgestempelt. Als solche wurden auch die jungen Arbeiter gesehen, die in Ost-Berlin am 17. Juni 1953 gegen die Erhöhung von Arbeitsnormen protestierten. Die Zeitung „Neues Deutschland" berichtete demzufolge, dass die demonstrierenden Arbeiter in Jeans, karierten Flannelhemden und Krawatten, auf denen nackte Frauen abgebildet waren, die staatlichen Läden demolierten. Sie wurden als „Kriminelle und faschistische Helfer" bezeichnet.[5] Die Jeans wurde somit zum Ausgangspunkt eines Konfliktes zwischen den Jugendlichen, die sich der westlichen Mode anschließen wollten, und des Staates, für dem die Kleidung als das sichtbarste Zeichen der politischen und ideologischen Ansichten des Trägers galt.

Die Schikanen seitens der Obrigkeit verminderten jedoch die Populariät der Jeans oder anderer modischer Erscheinungen nicht. Die Jugendlichen kauften die Hosen direkt in

5 So sieht die faschistische Brut der Adenauer, Ollenhauer, Kaiser und Reuter aus, in: „Neues Deutschland" vom 21.06.1953, S. 1.

ullstein bild 1007931466

Das Delphi führte das Wort Filmpalast schon im Namen und lag 3 km von den Ost Sektorengrenze entfernt. 1959 wurde „Insel der Versuchung" gespielt.

West-Berlin. Horst Hertel, der vor Gericht als einer der Anstifter der Junidemonstrationen 1953 schuldig gesprochen und zu einer Gefängnissstrafe verurteilt wurde, erinnert sich an die Besuche in West-Berlin folgendermaßen:

„Anfang der 50er Jahre, als ich 16 war, bin ich mit meinen Freunden immer nach Westberlin gefahren. In der Woche vier-, fünfmal, wenn nicht jeden Tag. Wir sind bei der Schillingbrücke über den sogenannten offenen Übergang rüber. Da sind wir ins Kino gegangen, für 25 Pfennig West. Sie zeigten Filme mit John Wayne und Gary Cooper. Dazu hat man sich noch ein paar Kaugummis gekauft, die klebte man unter den Sitz. Am meisten waren wir am Potsdamer Platz in den Kinos „Camera“ und „Aladin““.[6]

Filmregisseur Michael Klier fuhr auch mit dem Fahrrad

---

[6] Dieses und die nachfolgenden Zitate stammen aus Interviews durchgeführt von Rebecca Menzel, in: Rebecca Menzel, Jeans in der DDR. Vom tieferen Sinn einer Freizeithose, Berlin 2004.

nach West-Berlin. Er hatte seine erste Jeans mit 14 auf dem Kurfürstendamm in Westberlin gekauft, wofür er in der Bundesrepublik Saisonarbeiten verrichtete und so Geld für modische Neuheiten verdiente. Dabei fehlte es nicht an die Ideen, wie Horst Hertel erzählt:
„Von den Eltern konnte man kein Geld erwarten, und erst recht kein Westgeld. Wir haben es uns dann regelrecht zusammengegaunert, z.B. beim Klimpern auf der Straße. Dabei warf man ein Geldstück, und wer am nächsten an die Wand traf, der hatte gewonnen. Wir haben natürlich nicht um Ost-, sondern um Westgeld gespielt, das waren keine Riesengewinne, sondern ab und zu mal 50 Pfennig. Also haben wir zusätzlich noch in den Trümmern gekramt, dabei stießen wir mitunter auf Buntmetall, das wir dann in Westberlin verkauft haben. Für das Kilo bekamen wir 4,50 Mark West. Das war doch viel Geld!“

Mode als Instrument des ideologischen Wettstreits im Kalten Krieg

Die Strategien der Jugendpolitik und - damit verbunden – die Stellung der Partei gegenüber der westlichen Massenkultur veränderten sich, nachdem der Generalsekretär der sowjetischen kommunistischen Partei, Nikita S. Chruschtschow, auf dem XX. Parteitag der KPdSU 1956 mit der „Entstalinisierung" begann und es dadurch zum politischen Tauwetter im gesamten Ostblock kam.

Die umfangreichen Kontrollen, die vielseitigen Verbote gegenüber den Heranwachsenden und zuletzt auch die Ereignisse des Arbeiteraufstands vom 17. Juni 1953, dem sich auch weite Teile der Bevölkerung, darunter viele Jugendliche, angeschlossen hatten, führten dazu, dass die Unzufriedenheit der Jugend immer größer wurde. Dementsprechend sank die Zahl der FDJ-Mitglieder in der DDR nach 1953 systematisch. Ein geheimer SED-Bericht aus dem Jahr 1953 macht deutlich, dass für die Mehrzahl der Jugendlichen in der DDR die Zugehörigkeit zur FDJ keine Herzensangelegenheit war. Die neue Reformstrategie der FDJ stellte jetzt das Interesse der Jugend in den Mittelpunkt, sodass die Entwicklung eines „neuen sozialistischen Menschen" durch die Verbesserung der Freizeitangebote und ein umfangreiches Erziehungsprogramm erreicht werden sollte. Darüber hinaus wurden Jugendprobleme öffentlich thematisiert und die „Verständnislosigkeit" der Politik gegenüber der Jugend kritisiert. Eine wirkliche Auseinandersetzung mit dem Thema „Jugend" brachte der DEFA-Film „Berlin – Ecke Schönhauser" von Gerhard Klein aus dem Jahre 1957, der ursprünglich unter dem Titel „Halbstark" angekündigt worden war.

Die jugendlichen Protagonisten des Films bilden eine Straßenclique im Arbeiterviertel Berlins – Prenzlauer Berg. Sie treffen sich regelmäßig unter einer S-Bahn-Brücke, hören Musik und tanzen amerikanische Tänze. Die Lebensläufe der dargestellten Jugendlichen führen dazu, dass für sie

©DEFA-Stiftung/Siegmar Holstein

Szene aus dem Spielfilm Berlin – Ecke Schönhauser, Regie Gerhard Klein, 1957.

die Straße der wichtigste Treffpunkt ist: Dieters (Ekkehard Schall) Eltern starben im Krieg, Angela (Ilse Pagé) lebt bei ihrer verwitweten Mutter, die Eltern von Karl-Heinz (Harry Engel) wollen in den Westen gehen und Kohle (Ernst-Georg Schwill) lebt in ständiger Angst vor seinem Schwiegervater. Die Forderung nach mehr Verständnis seitens der offiziellen Politik für die Jugendlichen wurde durch eine Filmszene über eine Auseinandersetzung zwischen Dieter und seinem älteren Bruder – überzeugter Sozialist und Volkspolizeiarbeiter – erreicht, in der Dieter mehr Toleranz für seine Begeisterung für amerikanische Musik und Mode fordert:

„Warum kann ich nicht leben, wie ich will? Warum habt ihr lauter Vorschriften? Wenn ich an der Ecke stehe, bin ich halbstark. Wenn ich Boogie tanze, bin ich amerikanisch. Und wenn ich das Hemd über der Hose trage, ist es politisch falsch“.

Diese Szene drückt die Hoffnung auf Verbesserung der Situation, auf mehr Verständnis und die Thematisierung von Jugendproblemen aus. Der Film, auch wenn er politisch gesehen korrekt war, weil Dieter nach seiner Flucht in den Westen Berlins am Ende des Filmes doch in die DDR zurückkehrt, weckte großes Interesse unter den DDR-Jugendlichen. Bereits in den ersten drei Monaten der Vorführung in den Kinos wurde er von mehr als 1,5 Millionen junger Menschen gesehen.[7] Die Journalistin Jutta Voigt berichtet, dass die Jugend der DDR in diesem Film ihre eigenen Probleme widergespiegelt sahen:

„'Berlin – Ecke Schönhauser' war mein Film. Mit 16 trug ich eine dreiviertellange schwarze, enge Hose, tanzte Rock'n'roll immer da, wo 'Offen tanzen verboten' dranstand, kannte die Billigbuden am Gesundbrunnen ziemlich genau und besuchte aus verschiedenen Gründen öfter das Kino.... Da habe ich 1957 den neuen DEFA-Film ‚Berlin – Ecke Schönhauser' gesehen, der mich restlos begeisterte (...). Ich fühlte mich verstanden, es war die Welt, in der ich lebte."[8]

Der Tauwetter-Kurs der Politik der SED deckte sich mit der Verabschiedung des Zweiten Fünfjahrplans (1956-1960), der unter dem Stichwort *Modernisierung, Mechanisierung, Automatisierung* propagiert wurde. Die kommunistische Obrigkeit versprach der Gesellschaft eine „technische Revolution", die die DDR in die erste Reihe der internationalen Wirtschaftsmächte stellen sollte. Die wichtigste Aufgabe war demnach die Steigerung der Produktion und der Verkauf von Industriegütern. In diesem Kontext entstanden im Jahre 1956 u.a. die ersten Versandhäuser, die den Bewohnern kleiner Orte in der Provinz Waren anboten, die durch einen Katalog bestellt werden konnten. Trotz des Scheins einer gewissen Modernität ging es jedoch vor allem darum, die Mengen beim Einkaufen deutlich zu reduzieren. Denn wegen des ständigen Warenmangels in den Läden endeten die meisten Einkäufe mit Hamsterkäufen. Bei der Bestellung durch

7 Menzel (2004), S. 16.

8 Eröffnung der DEFA-Retrospektive, in: „Sonntag" vom 15.10.1978, S. 5.

den Versandkatalog waren die Einkäufe auf das Nötigste begrenzt. Zudem wurde auch mit der Reformierung der Kleidungsindustrie begonnen.

Im Kontext dieser Reformen musste sich auch das Verständnis von Mode ändern. Dieses durfte jetzt nicht mehr nur auf die Schaffung eines neuen sozialistischen Stils begrenzt werden. Die DDR-Kleidung sollte vielmehr ein Weltniveau erreichen und zum ästhetischen Vorbild auf internationaler Ebene werden.

Daher musste sich auch etwas im Berliner „Institut für Bekleidungskultur" ändern. Zunächst verzichtete man auf die Ausgabe der Institutsfachzeitschrift „Bekleidung" zugunsten des öffentlich zugänglichen Magazins „Sibylle". Das Magazin war auch der wichtigste Schritt im Rahmen der Tauwetterpolitik und wurde bald zum ehrgeizigsten Vorhaben im Bereich der Mode und Ästhetik. Die Redakteurin Lisa Schädlich bewertete, dass das Magazin so erfolgreich war, weil es aus dem Bedürfnis und der Eigeninititative der am Thema interessierten Journalisten entstand und nicht, wie es in der DDR üblich war, durch eine Anordnung „von oben".[9]

Die Idee für die Gründung des Magazins kam von Sibylle Gerstner, obwohl meist angenommen wird, dass erst die Chefredakteurin seit 1958, Margot Pfannstiel, ihm den Charakter eines Kulturmagazins gab. „Sibylle" war keine klassische Frauenmodezeitschrift, sondern ein Magazin für Mode und Kultur im Allgemeinen. Dabei versprach ein professionelles Team ein hohes künstlerisches Niveau: Bereits in den Sechzigerjahren versammelte Pfannstiel die besten Zeichner und Fotografen der DDR in der Redaktion des Magazins.

Ein Jahr nach der Gründung des Magazins im Jahre 1957 änderte das „Institut für Bekleidungskultur" auch seinen Namen in „Deutsches Modeinstitut". Dies wurde vor allem dadurch begründet, dass sich der Begriff „Bekleidungskultur" unter den Fachleuten kaum durchsetzte und auch die Presse

---

9 Sabine Tonscheidt, Frauenzeitschriften am Ende? Ostdeutsche Frauenpresse vor und nach der Wende 1989, Münster 1996, S. 356.

Sibylle, 1988/6

weiterhin über die „aktuellen Trends in der Mode“ berichtete. Dennoch war dies eher eine kosmetische Veränderung, denn die Namensänderung beeinflusste nicht das Verhältnis der Ideologen zur „Mode“. Die Entscheidung der Namensänderung begründete man durch eine „objektive Notwendigkeit“, die jedoch nicht ausschloss, dass „Mode in der DDR einen Klassencharakter haben und neue gesellschaftliche

Werte veranschaulichen sollte".[10] Die Mode blieb weiterhin „eine Verzerrung des guten Geschmacks", was dem „moralischen Zerfall" der kapitalistischen Gesellschaften entsprechen sollte.[11]

Dennoch wurde derzeit noch in der gesamtdeutschen Perspektive gedacht. Man betonte das Bedürfnis „der Berücksichtigung des nationalen Deutschen Charakters im Modedesign"[12], was sich nicht nur im Institutsnamen widerspiegelte, sondern auch in der Kollektion des Instituts für die Bekleidung der gemeinsamen deutschen Vertretung auf der Olympiade 1956 in Melbourne. Bald änderte sich jedoch auch das. Seit ca. 1958 wurde „Mode" immer mehr zum Instrument im politischen Diskurs, was die Tauwetterpolitik endgültig beendete. Während des V. Parteitages der SED im Juli 1958 verkündete Walter Ulbricht einen neuen Kurs in der Politik. Er rief die Gesellschaft auf, die DDR-Volkswirtschaft „innerhalb weniger Jahre so zu entwickeln, dass die Überlegenheit der sozialistischen Gesellschaftsordnung der DDR gegenüber der Herrschaft der imperialistischen Kräfte im Bonner Staat eindeutig bewiesen wird und infolgedessen der Pro-Kopf-Verbrauch unserer werktätigen Bevölkerung mit allen wichtigen Lebensmitteln und Konsumgütern den Pro-Kopf-Verbrauch der Gesamtbevölkerung in Westdeutschland erreicht und übertrifft."[13]

In der Antwort auf diesen Appell wurde in der Kleidungsindustrie ebenfalls zur Verbesserung der Arbeitseffektivität aufgerufen:

---

10 Deutsches Modeinstitut, Die Bedeutung der Mode in der DDR und die Aufgaben des Deutschen Modeinstituts, 1962, Stiftung Stadtmuseum Berlin, Modesammlung, SM 8-4, Bl. 2.

11 Margot Pfannstiel (Hg.), Sibylles Modelexikon. ABC der Mode, Leipzig 1968, S. 103-108.

12 Wolfgang Fröbel, Zur Problematik der Mode in der Übergangsperiode vom Kapitalismus zum Sozialismus, in: „Deutsche Textiltechnik" 9/1959, S. 175.

13 Dierk Hoffmann (Hg.), Die DDR vor dem Mauerbau. Dokumente zur Geschichte des anderen deutschen Staates 1949-1961, München 1993, S. 322.

„Es muss alles getan werden, damit sich unsere Bevölkerung noch besser kleiden kann, um auch äußerlich die Überlegenheit des sozialistischen Systems zu beweisen.“[14]

Kleidung sollte somit zu den visuellen Zeichen der Überlegenheit des Sozialimus gehören:

„Der Arbeiter im sozialistischen Staat zeigt auch durch seine Kleidung seinen Klassengenossen im Kapitalismus, dass schöne Kleidung, Mode usw. im Sozialismus für alle Werktätigen geschaffen wird.“[15]

Auch im alltäglichen Leben der Jugendlichen blieb der Wunsch nach Verbesserung der Situation und die Hoffnung, die man mit dem Tauwetter verband, nur ein unerfüllter Traum. Die westlichen Kinofilme wurden in der DDR nicht gezeigt. Die Jugendlichen besuchten also die Westkinos und die Volkspolizei reagierte mit einer Verschärfung der Kontrollen an den innerstädtischen Grenzen. Der Magistrat in Berlin berichtete, dass im Jahre 1957 täglich 26.000 DDR-Bürger die Kinos in der Bundesrepublik besuchten. In einigen grenznahen Kinos bestand das Publikum fast ausschließlich aus Jugendlichen aus der DDR.[16] Das Ziel solcher Besuche waren auch Kunstgalerien, die für viele DDR-Bürger die einzige Möglichkeit des Kunsterlebens waren, wie die spätere Chefredakteurin der Zeitschrift „Sibylle“ Dorothea Melis berichtet:

„Trotz der verstärkten Politisierung der Kunst, ungeachtet harscher Drohungen und strikter Verbote, haben wir Studenten die Restriktionen lange nicht so hart empfunden, wie sie bei nüchterner Betrachtung heute zu werten sind. Heimlich gingen wir in West-Berlin ins Kino, illegal besuchten wir Ausstellungen in der West-Berliner Hochschule der Künste oder im Charlottenburger Schloss. Auch der Kauf sündhaft teurer

---

14 Die Stellung der Bekleidungsindustrie in der Volkswirtschaft der DDR und ihre Perspektivaufgaben, „Bekleidungsfertigung“ 1/1959, S. 13-20.

15 Helmut Schurig, Die Entwicklung der Textilindustrie in Westdeutschland und in der DDR, Berlin Ost, 1959, S. 130.

16 Magistrat von Berlin, Analyse des Besuches von Westberliner Lichtspieltheatern durch Bewohner unseres Währungsgebietes, 17.05.1957, LAB, C Rep. 121, Nr. 156.

Schuhe (im Wechselkurs 1:5) bedeutete für uns selbst geschaffenen Freiraum.“[17]

Das Angebot an modischer Kleidung blieb ebenfalls beim Alten. 1956 wurde zwar im „Institut für Bekleidungskultur“ der Versuch unternommen, auch die Jugend- und Kindermode zu einem eigenen Arbeitsbereich auszubauen. Es wurden in den Bezirken und Kreisen Modeberatungsgruppen gebildet, die durch die „Zentrale Modeberatungsgruppe“ des „Instituts für Bekleidungskultur“ angeleitet wurden und mit der FDJ zusammen arbeiteten. Das Ziel dieses Vorhabens war es, „breite Kreise der Jugend am Modeschaffen zu interessieren und zur Mitarbeit heranzuziehen“.[18] Diese Ziele ließen sich aber kaum verwirklichen. Auch die Überlegungen mancher Modedesigner Ende der Fünfzigerjahre, Jeans in Eigenproduktion im „Institut für Bekleidungskultur“ herzustellen, scheiterten völlig. Die entstandenen Entwürfe der Jeanshosen sind nie umgesetzt worden.

Spätestens mit dem V. Parteitag der SED im Juli 1958 begann auch eine neue Repressionswelle gegen die Jugendlichen. Man verkündete „eine tiefgreifende sozialistische Umwälzung der Ideologie und der Kultur“.[19] Die Partei propagierte eine neue „sozialistische Moral“, in der nicht der Einzelne, sondern das „Kollektiv“ und die von der SED definierten gesellschaftlichen Bedürfnisse im Vordergrund standen. Die „freiwilligen Ordnungsgruppen“ des Jugendverbandes FDJ sollten „mithelfen, die Überreste der kapitalistischen Lebensweise der Jugend – Rowdytum, Trunksucht, flegelhaftes Verhalten gegenüber Älteren, Lektüre von Schundschriften usw. – zu beseitigen.“ Die Politik des Wettbewerbs mit der Bundesrepublik Deutschland betraf also in besonderem Maße die jugendliche Kultur, darunter die Jugendmusik und

[17] Dorothea Melis, Mode nach Plan oder Erziehung zum Verzicht, in: Dorothea Melis (Hg.), Sibylle. Modefotografie aus drei Jahrzehnten DDR, Berlin 1998, S. 49.

[18] Elli Schmidt, Perspektiven im Modeschaffen des Instituts für Bekleidungskultur im 2. Fünfjahrplan, in: Die Bekleidung 4/1956, S. 1.

[19] Zit. nach: Ulrich Mählert, Kleine Geschichte der DDR, München 2004, S. 89.

Jugendmode, die unter den Jugendlichen stets ein besseres Ansehen als die aus der DDR hatten. Den Kurs der Distanzierung der DDR von der Bundesrepublik betonte Walter Ulbricht am 24. April 1959 auf der 1. Konferenz in Bitterfeld noch einmal:

„Es genügt nicht, die kapitalistische Dekadenz in Worten zu verurteilen, gegen Schundliteratur und spießbürgerliche Gewohnheiten zu Felde zu ziehen, gegen die „Hotmusik" und die ekstatischen „Gesänge" eines Presley zu sprechen. Wir müssen etwas Besseres bieten."[20]

Unter besonderer Beobachtung standen jene Jugendliche, die in der zweiten Hälfte der Fünfzigerjahre den so genannten Existentialismus entdeckten. Dieser Trend wurde in dem studentisch-künstlerischen Stadtviertel von Paris Saint-Germain-des-Prés geboren, wo zu den Stammgästen im Café de Flore der Vertreter der Philosophie des Existentialismus Jean-Paul Sartre gehörte. Die französichen Studenten, die dieser Philosophie zuneigten, verbrachten die Zeit mit Diskussionen in den verrauchten Lokalen und hörten die Musik von Juliette Gréco und französische Lieder (*chansons)* zu den Texten von Sartre. Sie trugen vor allem schwarze Kleidung, insbesondere schwarze Rollkragenpullover oder ausgeleierte Pullover zu schmalen Hosen oder, im Fall der jungen Frauen, zu Röcken. Nach Deutschland kam der Existentialismus über Kino und Film. Populär wurden insbesondere Filme wie „Außer Atem" (1960, Regie: Jean-Luc Godard) oder „Schrei, wenn Du kannst" (1959, Regie: Claude Chabrol), die man in West-Berlin sehen konnte. So wurden eigene Ideale geformt: dunkel gekleidete Frauen mit schlichten Frisuren, eher klassisch, erwachsen wirkend. Demnach entstanden Vorbilder, zu welchen in der DDR vor allem Juliette Gréco und die Schauspielerin Audrey Hepburn gehörten.

Dabei war die Mode nur das Nebenbei. Wichtig in dieser Strömung war vor allem die Philosophie. Man traf sich privat, auch mit Studenten aus West-Berlin, es wurde geredet und

---

[20] Walter Ulbricht, Fragen der Entwicklung der sozialistischen Literatur und Kunst, in: Zur sozialistischen Kulturrevolution, Berlin Ost 1960, S. 474.

über die Welt, über Kunst und über Literatur diskutiert sowie Jazz aus dem Westen gehört. Ein öffentliches Hören von Jazz oder Rock 'n' Roll war allerdings in der DDR unmöglich, wie der Kabarettist Bernd-Lutz Lange berichtet:

„Noch schlimmer war in den Augen der Kulturaufpasser die Vorstellung, dass es in der DDR auch Jazzclubs geben könnte. Dies wäre schon wieder so ein Hort der Konterrevolution gewesen. Was in Prag, Warschau oder Budapest als selbstverständlich galt, wurde zwischen Rostock und Dresden unterdrückt.“[21]

Gelegenheit zum Musikhören gab nur ein Besuch in West-Berlin oder eine Party in privaten Räumen (Wohnungen oder Lokalen). Um 1959 existierten zum Beispiel in Erfurt der Jugendklub „Blue-Jeans-Club“, in Bad Berka bei Weimar der „Little-Richard-Club“ und in Jena der „Elvis-Presley-Club“, deren Mitgleider ein Medaillon mit dem Pop-Star trugen. Es gab aber auch Versuche, eigene Radios zu basteln. Dies machten zum Beispiel die technisch begeisterten Jugendlichen aus Holzhausen bei Leipzig, die jeden Nachmittag Musik von Elvis Presley, Jerry Lee Lewis, Chuck Berry, Bill Haley oder Little Richard aus dem selbstgebastelten Radio spielten, bis sie von der Staatssicherheit erwischt wurden. Allerdings konnte ihnen, wie auch vielen anderen jugendlichen Gruppen, keine politische Tätigkeit nachgewisen werden. Im Falle einer gezielten politischen Intention, wie dies bei dem Klub „Ted-Herold-Club“ in Strausberg der Fall war, deren Mitglieder gegen den Mauerbau ab August 1961 protestierten, wurden hohe Strafen ausgesprochen.

Laut der Obrigkeit hatten vor allem die Kontakte im Westen, insbesondere in der Bundesrepublik, einen „gefährlichen Einfluss“ auf die Jugend in der DDR. Den Mangel an Waren schrieb man dem Klassenfeind zu, der der Volkswirtschaft in der DDR schaden wollte. Zu solchen Feinden gehörten in den Augen der kommunistischen Machthaber auch die jugendlichen „Schmuggler“ westlicher Produkte der Massenkultur.

---

[21] Bernd-Lutz Lange, Mauer, Jeans und Prager Frühling, Berlin 2007, S. 64.

In Konsequenz stieg auch die Zahl der Auswanderer aus der DDR drastisch: allein im Juli 1961 betrug die Zahl der Ausreisenden 30.415 und in den ersten zwei Wochen des Augusts bereits 47.433. Und dennoch, im Juni 1961 antwortete Walter Ulbrich auf die Frage der Journalistin der „Frankfurter Rundschau", ob die DDR eine Grenze am Brandenburger Tor plane: „Niemand hat die Absicht, eine Mauer zu errichten".[22] Am 13. August 1961 am frühen Morgen konnten sich die Berliner jedoch selbst davon überzeugen, dass diese Aussage falsch war.

[22] Die große Chance der deutschen Nation, in: „Neues Deutschland" vom 16.06.1961, S. 4.

ullstein bild 1014265168

Beim Twist tanzen. Auch in der DDR wurden Twistplatten aufgenommen wie Manfred Krugs *Twist in der Nacht* (1963).

„Sonnige Mode“... im Schatten der Mauer

Im August 1961 wurde die Berliner Mauer errichtet. Die geschlossene Staatsgrenze sollte die „negative“ westliche Beeinflussung einerseits und die Ausreisewellen der DDR-Bürger andererseits stoppen. Dies hatte zur Folge, dass die DDR-Jugendlichen jetzt gar keinen Zugang mehr zu modischen Waren aus dem Westen hatten. Sowohl der Kinobesuch als auch ein Kleidungseinkauf in West-Berlin war jetzt unmöglich. Die Grenzschließung trennte viele Familien im Berliner Raum endgültig voneinander. Zu einer völligen Abgrenzung gegenüber der Bundesrepublik musste nur noch die letzte Informationsquelle eliminiert werden: Das Westfernsehen, das jetzt eine besonders wichtige Verbindung nach Westdeutschland darstellte. Noch 1961 startete die FDJ-Aktion „Ochsenkopf“, offiziell „Blitz kontra NATO-Sender“ genannt, die, wie es der Historiker Ehrhart Neubert formuliert, „eine elektronische Mauer“ zu errichten versuchte. Die engagierten FDJler stiegen auf die Dächer und demontierten alle nach Westen gerichteten Antennen. Der Erfolg dieser Aktion war kurzfristig, denn viele Bürger bauten ihre Antennen anschließend wieder auf.

Die Atmosphäre und die Stimmung unter den Jugendlichen dieser Zeit werden gut durch ein Zitat aus dem Buch „Paul und Ich. Autobiographie“ des damals noch jungen Schauspielers Winfried Glatzeder veranschaulicht:

„Mir war es lange Zeit egal, wo ich wohnte, ob im grauen Osten, der nun einmal meine Heimat geworden war, oder im bunten Westen. Solange ich hin- und herpendeln konnte, war meine Welt in Ordnung. (...) Der Mauerbau war das Ende unserer Ost-West-Passagen. Vorbei unsere Fahrten vom U-Bahnhof Warschauer zur Prinzregentenstraße, meine Kinobesuche am Bahnhof Gesundbrunnen. Vorbei die atemberaubend bunten Bilder der Hollywood-Filme.“[23]

---

[23] Winfried Glatzeder, Paul und ich. Autobiographie, Berlin 2008, S. 41–42.

Auch diese Anekdote aus der Zeitung „Junge Generation" spiegelt diese Stimmung wider:

„Zwei Freunde treffen sich am Alex. Der eine, dessen Kleidung aus Niethosen und Lederjacke besteht, fragt den anderen, der Anzug, Oberhemd und Schlips trägt: ‚Sag mal, wo willst du denn hin?'

‚Ins Kino'

‚Mit einem so protzigen Anputz?'

‚Na ja, ich kann doch jetzt bloß noch in unsere Kinos gehen!"[24]

Das Regime unternahm bereits im August 1961 Maßnahmen mit dem Ziel „die sozialistische Republik zu schützen". Der erste Sekretär der FDJ, Horst Schumann, rief die Jugend zur Bildung von Ordnungsgruppen auf, die unter der Leitung der Miliz die Ordnung in den Städten überwachen sollten, damit „weder in Kinos noch in Gaststätten oder anderswo Provokateure oder Dummköpfe ungestraft ihr Unwesen treiben können."[25] Eine Art der Ermutigung zur Zusammenarbeit mit dem Regime im Kampf gegen Rowdies war der DEFA-Film *Die Glatzkopfbande* von Richard Groschopp aus dem Jahre 1963, der die positiven Aspekte der Grenzschließung thematisierte.

Am Anfang des Films gibt es eine Szene auf einer Baustelle, in der durch einen Unfall ein Arbeiter und eine junge Frau sterben. Ein wichtiges Element dieser Szene ist das weiße Glockenkleid der jungen Dame, das ihre Unschuld und ihren ungerechten Tod symbolisch noch potenziert. Die Untersuchung der Unfallursache im Film zeigt, dass das Baugerüst nur provisorisch aufgebaut wurde. Dieses wurde von einer Brigade aufgebaut, zu welcher eine Rowdy-Gruppe gehört. Die Mitglieder hören laute Rock'n'Roll Musik aus dem Kofferradio, trinken Alkohol und rauchen, fahren auf Motorrädern und tragen Jeans, T-Shirts und Lederjacken. Zu der Gruppe gehört auch eine junge Frau, die wie die Männer anliegende Hosen und T-Shirts trägt. Sie bildet einen starken Kontrast zu

---

[24] „Junge Generation" 16/1961, S. 3.

[25] Zit. nach: Mählert (2004), S. 101.

©DEFA-Stiftung/Hannes Schneider

Szene aus Die Glatzkopfbande, Regie Richard Groschopp, 1963.

dem verunglückten Mädchen. Die Gruppe ist in zahlreiche Straftaten verwickelt. Dabei wirkt das Aussehen der Mitglieder noch „krimineller", als sie sich, dem Vorbild des damals populären amerikanischen Schauspielers Yul Brynner (*The Magnificent Seven*, Dir. John Sturges, 1960) nach, entscheiden, die Haare abzuschneiden und eine Glatze zu tragen. Nun gelingt es den Sicherheitskräften dank der geschlossenen Grenzen, alle Täter zu verhaften.

Mit seiner visuellen Charakteristik und seine Protagonisten visualisiert der Film das Muster des von der Obrigkeit für die Jugend in der DDR propagierten Kleidungsstils: Die jungen Männer sollten Anzüge, die jungen Frauen dezente Kleider tragen. Negativ wurden jedoch jene Jugendlichen wahrgenommen, die Jeans trugen und laute Rock 'n' Roll Musik hörten. Trotzdem waren Jeans, T-Shirts und Lederjacken in der DDR bereits seit den Fünfzigerjahren unter vielen Jugendlichen sehr beliebt. Auch immer mehr junge Frauen kleideten sich auf diese Weise. Daher waren Jeans in der DDR verpönt und in der Schule verboten. Die Schüler, die mit Jeans in den Unterricht kamen, mussten sofort zum Schuldirektor. So ist es auch dem Schulkollegen des Kabarettisten Bernd-Lutz Lange, Guido Brüssow, passiert, der eines Tages mit einer echten westlichen Levis-Jeans in die Schule kam:

„Der Lehrer hatte auch geguckt, als ich damit ankam, aber zunächst nichts gesagt. Dann hieß es: Brüssow, komm mal mit! Ich musste ins Direktorenzimmer. Dort saß der stellvertretende Direktor und meinte, was ich mir einbilden würde, mit solchen Hosen in die Schule zu kommen. Da hab ich gesagt, was soll denn das, die Hosen sind doch sauber.' So naiv dachte Guido, dabei waren sie bekanntlich ideologisch nicht sauber.“[26]

Das schlimmste war, die Jeans zum Blauhemd der FDJ zu tragen:

„Das Blauhemd mit dem am Ärmel aufgenähten Emblem der aufgehenden Sonne, (...) kombiniert mit diesem imperialistischen Textilerzeugnis – das ging gleich gar nicht.“ – erzählte Lange.

Die Besorgung einer originalen Jeans war mittlerweile jedoch wesentlich erschwert worden. Die Jugendlichen kauften deshalb in den Läden mit Arbeitskleidung eine blaue Schutzhose und verengten bei Bedarf die Hosenbeine. Lange erinnerte sich, dass manche, deren Eltern in einem „sozialistischen Betrieb“ arbeiteten, diese Hose mit Metallnieten verstärkten: „Auf diese Weise war die Imitation komplett“, sagte Lange.

Zwei Jahre nach dem Mauerbau begann die DDR mit neuen Reformen. Die Modernisierung der Planwirtschaft im Rahmen des „Neuen Ökonomischen Systems der Planung und Leitung“ sollte die ineffizienten administrativen Lenkungsmechanismen durch ein System ökonomischer „Anreize“ ablösen. Das „einheitliche sozialistische Bildungssystem“ wurde jetzt so ausgebaut, dass die Schule stärker mit der Wirtschaft und anderen Bereichen verknüpft wurde. Um dieses Konzept

---

[26] Lange (2007), S. 42.

erfolgreich durchzusetzen, benötigte man denkende und verantwortungsbewusste Menschen. Auftretende Probleme sollten nicht vertuscht, sondern besprochen werden.

Da der Abbau von Spannungen und Konflikten innerhalb der Gesellschaft im Mittelpunkt dieser Reform stand, ging das Konzept weit über die Wirtschaftspolitik hinaus. Eine neue Richtung in der Jugendpolitik zeichnete das neue Jugendkommuniqué des SED-Politbüros, das jetzt mehr Toleranz und mehr Achtung der jugendlichen Individualität versprach. Fragen des Modegeschmacks, aber auch Musik- und Tanzvorlieben, Sexualität und Freizeitgestaltung sollten den Heranwachsenden überlassen werden. Auf der einen Seite wurden Themen der Selbstverwirklichung angesprochen und durch den oft zitierten Satz ausgedrückt: „Welchen Takt die Jugend wählt, ist ihr überlassen: Hauptsache, sie bleibt taktvoll!"; auf der anderen Seite wurden aber immer noch die Bedürfnisse des sozialistischen Aufbaus in der DDR betont, an dem die Jugendlichen – die „Hausherren von morgen" – aktiv teilnehmen sollten. Im Sinne dieser Jugendpolitik wurde damit angefangen, ein umfangreiches Jugendangebot zur Verfügung zu stellen. Alles, was bisher verboten war, wurde jetzt offiziell gefördert: Es wurden die ersten Jazzkonzerte organisiert und im März 1965 wurde u.a. Louis Armstrong eingeladen. Es wurden auch Musikgruppen gebildet, die die Elemente der gerade besonders populären Beatmusik mit traditioneller Tanz- und Schlagermusik verbinden sollten. Darüber hinaus gab es Tanzveranstaltungen, Sing- und Gitarrengruppen, die von Jugendlichen selbst getragen wurden und für „geschmackvolle" Musik sorgen sollten. Die Beatmusik, vor allem jene, die gerade in der DDR entstand, wurde weitgehend unterstützt und die Platten einheimischer Bands wie auch eine komplette Lizenz-LP der Gruppe „The Beatles" herausgebracht. Selbst Kontakte zwischen Jugendlichen aus der Bundesrepublik und der DDR waren auf dem „Deutschlandtreffen der Jugend" (vom 16. bis 18. Mai 1964) in Ost-Berlin möglich. Aus diesem Anlass kam es zur Gründung eines Jugendprogramms des Berliner Rundfunks, später „DT64" genannt, das viel Westmusik spielte und aus diesem Grund bei den Jugendlichen sehr populär war.

Es bildete sich rasch eine Jugendkultur aus. Die Faszination des westlichen Lebensstils wurde in der Gesellschaft sichtbarer. Aber alles sollte in einem kontrollierbaren Rahmen bleiben. Bald jedoch geriet die Beatmusikszene den Genossen außer Kontrolle: Die Zahl der musikbegeisterten und langhaarigen Jugendlichen wuchs rasch. In einzelnen Fällen kam es, wie auch nicht selten im Westen, zu Schlägereien und gelegentlichen Krawallen. Als besonders gefährlich wurden die alternativen Jugendlichen eingestuft, die sich außerhalb der FDJ-Aktivitäten organisierten. Spätestens nach dem Rolling Stones Konzert 1965 in West-Berlin, bei dem es zu Ausschreitungen kam, behaupteten die Parteigenossen den Beweis dafür zu haben, dass die Beatmusik ein Zeichen der westlichen Unmoral sei. Die Beatfans wurden demzufolge erneut als asoziale, staatsfeindliche und kriminelle Rowdys abgestempelt, die, wie das „Neue Deutschland“ im Oktober 1965 berichtete, „die Helden zu sein wähnen, indem sie die Gammler westdeutscher Prägung nachahmen, die dort auf Straßen und Plätzen herumlungern, herumpöbeln und herumrempeln“; zudem „stinken [sie] zehn Meter gegen den Wind.“[27] An diesem Punkt war die Lockerung in der Jugendpolitik, die aus dem Jugendkommuniqué 1963 resultierte, beendet. Der Sekretär des ZK der SED, Erich Honecker, verfasste einen „Beschluß zu einigen Fragen der Jugendarbeit und dem Auftreten der Rowdygruppen“, in dem u.a. der neue Anti-Beat-Kurs festgelegt wurde. In der Folge wurden viele Musikbands mit einem Auftrittsverbot belegt und die Beatgruppen mit englischen Titeln und Namen verloren ihre Lizenz oder mussten ihre Namen eindeutschen. Die langhaarigen Jugendlichen litten unter ständigen Schikanen, die soweit gingen, dass ihre Haare durch Polizeifriseure abgeschnitten wurden.

[27] Zit.nach: Michael Rauhut, DDR-Beatmusik zwischen Engagement und Repression, in: Günter Agde (Hg.), Kahlschlag. Das 11. Plenum des ZK der SED 1965. Studien und Dokumente, Berlin 2000, S. 128.

Neben langen Haaren und ungewöhnlicher Kleidung, zu der enge Jeans, Parkas und Texashemden gehörten, konnte auch der Konsum des Westfernsehens, Trampen oder das Auftreten in Gruppen strafbar sein. Aus Protest gegenüber solchen Entscheidungen versammelten sich 1965 mehrere hundert Jugendliche in Leipzig. Es kam zu brutalen Auseinandersetzungen zwischen den Heranwachsenden und den Kräften der Staatssicherheit. Zirka 250 Jugendliche wurden verhaftet, viele von ihnen später in Arbeitslager verwiesen. Der Anti-Beat-Kurs endete mit den Beschlüssen des 11. Plenums des ZK der SED im Dezember 1965, dem „Kahlschlag"-Plenum. Da Beatmusik als schädlich und gefährlich eingestuft wurde, verlor sie endgültig die Akzeptanz und Förderung von Seiten des Staates. Den Beatfans wurden immer wieder die Haare abgeschnitten und die Musiker verloren ihre Auftrittsmöglichkeiten. Es gab aber durchaus noch härtere Eingriffe in die persönlichen Rechte. Marc-Dietrich Ohse schreibt in seinem Buch „Jugend nach dem Mauerbau. Anpassung, Protest und Eigensinn (DDR 1961–1974)" beispielsweise über die Weigerung von Meldestellen der Volkspolizei, Jugendlichen wegen ihrer „Beatles-Frisur" neue Personalausweise auszustellen. Die eingereichten Fotos der Jugendlichen, die durch ihre längeren Haare auffielen, wurden einbehalten und gleichzeitig wurde ihnen die Ausstellung neuer Identitätspapiere verweigert. Trotz der strengen Vorschriften entwickelte sich die Beatmusikszene aber weiterhin rasch. In Leipzig stellte die Volkspolizei beispielsweise fest, dass der „Beat-Fanatismus" bereits unter den Kindern weit verbreitet sei und die Bilder von Bands wie „The Beatles" und „The Rolling Stones" als „Idole" herumgetragen wurden. Die Beatszene verlagerte sich nun in den Untergrund. In der gesamten Republik fanden illegale Veranstaltungen statt, es bildeten sich zahlreiche inoffizielle Bands und Gruppen. Auch das Westfernsehen wurde weiterhin eingeschaltet. Der damalige Teenager und Fan der Gruppe The Rolling Stones Werner Piehl berichtet:

„Wir hatten lange Haare. Die wurden immer länger, weil, je mehr dagegen gesprochen worden ist, desto länger waren sie. Wir hatten mit den Haaren immer Ärger. Überall, wo wir hingingen, wo wir hinkamen. In der Schule hatten wir Ärger. Wir kamen in keinen Jugendclub rein. Aber wir haben unsere kleine Welt geschaffen, wo wir als jugendliche Clique doch etwas machen konnten. Wir waren viel in den Kneipen, aber wir haben auch viele Partys gemacht."[28]

Süddeutsche Zeitung, Bild-ID 02289303, Manfred Uhlenhu

Berlin 1971.

[28] Für Mick Jagger in den Knast, Regie: Karolina Kleinert, Reinhard Jaksch, 2006.

Im Kontext der Reformen in der Jugendpolitik muss auch die Entwicklung der staatlichen Jugendmodeproduktion gesehen werden. Der Bau der Mauer verringerte die Möglichkeiten des Kleidungserwerbs drastisch. Die Bemühung der SED-Führung, die Jugendlichen durch „attraktive" Freizeitangebote mehr an den Sozialismus zu binden und mögliche Unzufriedenheit zu vermeiden, musste neben Musik auch jugendgemäße Kleidung umfassen. Konnten die Parteimitglieder die existierende Mode wie Jeans, Parkas und lange Haare nicht akzeptieren, mussten sie eine für die jungen Leute attraktive Alternative dazu entwickeln. Die Zeit nach den Leipziger Ereignissen und dem „Kahlschlag-Plenum" versprach erneut eine Entspannung, die mit einem zusätzlichen Angebot wie einer Jugendmode eine Verbesserung der gegenseitigen Kontakte zwischen der Partei und der Jugend bringen sollte.

Dennoch waren sich alle Genossen einig, dass die Jugendmodekleidung in der DDR eine Mangelware war. 1967 teilte das Sekretariat des FDJ-Büros mit, dass sich bis zu diesem Zeitpunkt niemand ernsthaft mit der Jugendmode beschäftigt habe. Das Angebot unterscheide sich nur im Größensortiment vom Bekleidungsbild der Erwachsenen und bei diesen Modellen, die bisher für die Jugendlichen produziert wurden, würden „vorwiegend hochwertige Materialien eingesetzt", „deren entsprechend hohen Preise von den jugendlichen Verbrauchern nicht getragen" werden konnten.[29] Den Parteigenossen war klar, dass das Mangelangebot an jugendlicher Kleidung die Ursache dafür war, dass die Jugendlichen den Ausweg allein in der Selbstfertigung sahen oder sich z. T. die Bekleidung aus Westdeutschland schicken ließen. Besonders letzteres erschien den Ideologen nicht nur ideologisch falsch, sondern vielmehr auch wirtschaftlich schädlich.

Bei dem Versuch der Verbesserung dieser Situation ging es in erster Linie um Kooperationsbeziehungen zur Industrie

[29] Zentralrat der FDJ, Abt. Sekretariat des Büros, Protokolle Nr. 30 der Sitzung des Sekretariats des Zentralrates der FDJ vom 19.12.1967, Information zur Vorführung der Jugendkollektion im Sekretariat am 19.12.1967, SAPMO-BArch DY 24/6199, unpag.

und zum Binnenhandel im Bereich der Jugendmodeproduktion sowie um eine planmäßige und materialökonomische Entwicklung von Jugendbekleidung. 1967 wurde mit der Konstituierung der „Arbeitsgruppe für Jugendmode“ des Ministers für Handel und Versorgung begonnen, die „ein gezieltes Bekleidungsprogramm für Jugendliche“ entwickeln sollte. Die Arbeitsgruppe beschäftigte sich zunächst nur mit wenigen kombinierfähigen Sortimenten wie Oberbekleidung, Hemden, Pullis und Mützen. Die Wünsche der Jugendlichen im Bereich der Gestaltung schienen hierbei jedoch nur sekundäre Bedeutung zu haben.

Aus dieser Initiative entstand „die erste speziell für Jugendliche entwickelte Kollektion“, die unter dem Motto „Jugendmode 68 – kess und farbenfroh“ zunächst zur Bestätigung der ideologischen Richtigkeit dem 1. Sekretär des Zentralrates der FDJ, dann auf Jugendforen der Öffentlichkeit vorgestellt wurde. Als Werbung für die Jugendmode in der Öffentlichkeit entstand die Symbolik „Sonnidee – sonnige Jugend, ideenreich gekleidet“, ein Markenzeichen für die Jugend in der DDR.

Die gesamte Kollektion, einschließlich der Accessoires, war in den Jugendmodezentren zu kaufen, die in acht Bezirksstädten und in Berlin am 22. April 1968 neu eröffnet wurden. Zu einem repräsentativen DDR-Beispiel, mit dem die besondere versorgungspolitische Bedeutung unterstrichen werden sollte, wurde das Jugendmodezentrum in der Karl-Marx-Allee der Hauptstadt Berlin. Es wurde mit dem Verkauf von etwa 400.000 Teilen Konfektion begonnen, die den „Saisonschlagern“ einerseits, und dem der Jahreszeit entsprechenden, kombinierfähigen Angebot andererseits entsprachen. Wichtig schien das Versprechen der niedrigen Preise, die speziell den „finanzielle[n] Möglichkeiten der Schüler, Studenten und Lehrlinge angepasst wurden.“ [30]

Dem Slogan „Jugendmode jeden Tag aktuell“ widersprach jedoch die Realität. Vor den Jugendmodezentren bildeten

---

[30] Hans Schuricht, 20 Jahre Jugendmode – Spiegelbild einer erfolgreichen Entwicklung, in: „Der Handel“ 3/1988, S. 7.

Bundesarchiv, Bild 183-R0906-0023, Helmut Schaar

Zu diesem Bild schrieb ADN, die Bildagentur der DDR: „Um eine Attraktion reicher ist seit dem 6.9.1976 die thüringische Bezirksstadt Suhl. An diesem Tage wurde ein neues Jugendmodezentrum seiner Bestimmung übergeben. Es verfügt über ein reichhaltiges, modisches Angebot und wird sich daher reger Nachfrage seiner jugendlicher Kundschaft erfreuen."

sich lange Schlangen und das Angebot verschwand sehr schnell aus den Regalen. Die Verkäuferinnen der Jugendmodezentren beschwerten sich darüber, dass die Kunden nur in den ersten Wochen nach der Eröffnung zufrieden gewesen seien; danach habe die Begeisterung nachgelassen. Besonders schlecht soll die Situation beim Angebot für Jungen ausgesehen haben. Eine umfassende Studie zum Jugendmodemarkt, die durch das Institut für Marktforschung in Leipzig zusammen mit der Großhandelsdirektion Textil- und Kurzwaren durchgeführt wurde, zeigte, dass das Angebot an Bekleidung für die weiblichen Jugendlichen wesentlich attraktiver als für die männlichen Jugendlichen sei.[31] Für Jun-

31 Institut für Marktforschung, Umfang und Besonderheiten des Verbrauchs der jugendlichen Bevölkerung an Textilwaren, Leipzig 1969, BArch DL-102-475, S. 16.

gen wurden klassische Anzüge und Jacken empfohlen, was eher als unmodisch und traditionell empfunden wurde. Die DDR-Zurückhaltung gegenüber „dem neuen Bild des westlichen Mannes“ resultierte daraus, dass die „von Beat und Romantik“ beeinflusste Männlichkeit nicht mit der äußerlich betonten Männlichkeit in der DDR-Vorstellung übereinstimmte.[32] In der Kollektion fehlte die bei Jugendlichen sehr beliebte Jeans, die das kontroverseste Kleidungsstück in der DDR war. Die viel gepriesenen Kaufmöglichkeiten waren nur auf eine Minderheit der Jugendlichen beschränkt, auf diejenigen, die in den Großstädten lebten. Auch das Angebot in den Jugendmodezentren war qualitativ und quantitativ sehr unterschiedlich. Produkte, die in Leipzig zu kaufen waren, konnten eventuell nur schwer in Halle zu finden sein. Dennoch versuchte man in den Jugendmodezentren eine jugendliche Atmosphäre zu schaffen. Zusätzlich sollten junge Verkäuferinnen, die im Durchschnitt 20 Jahre alt waren und die angebotenen Modelle trugen, den Kunden ein Gefühl von Kompetenz vermitteln. Außerdem wurden besondere Kundendienste angeboten, wie kosmetische Beratungen, Modeschauen und Buchbesprechungen.

Angesichts der Kritik wurde zum Ziel der Verbesserung des Angebots der Jugendmode 1969 die „Arbeitsgruppe der Jugendmode“ in den „Zentralen Handels- und Entwicklungsbetrieb ‚Jugendmode'“, kurz ZHEB genannt, umgestaltet. Das Ziel der Modeschöpfer des ZHEB war es, eine Jugendmode zu entwickeln, die das klassische Modell durch ein modernes und attraktives ersetzen sollte. Dafür wurden getrennte Gruppen aufgebaut, die sich detailliert mit Mädchenmode, Jungenmode und Accessoires beschäftigten. Die Jugendmodeentwicklung sollte kollektiv und vor allem durch Kooperationsbeziehungen zwischen dem Jugendmodebüro und den Konfektionsbetrieben, Webereien, der Industrie und den Hochschulen erfolgen. Dabei war wichtig, dass der Handel mehr Einfluss auf die Produktion gewinnen konnte

[32] Suzanne Varenius, Anmerkungen für den, der in Leipzig Textiles kaufen möchte, in: „Textil-Revue“ vom 22.03.1967.

Süddeutsche Zeitung, Bild-ID 00621632, Klaus Morgenstern

Berlin 1972. „Einkauf lohnt sich“ steht an dem von 1967 bis 1970 errichteten Centrum Warenhaus auf dem Berliner Alexanderplatz.

und auf diese Weise die Möglichkeit hatte, eine schnelle Änderung im Angebot vorzunehmen. Dazu sollten auch die Handelsbeziehungen im Rahmen des „Rates für Gegenseitige Wirtschaftshilfe“ (RWG) dienen.

Schon bei der Herstellung der ersten Jugendmodekollektion war den Parteigenossen und FDJ-Funktionären klar, dass bei der Bereitstellung von jugendlichen Modellen die Jugendlichen eine Möglichkeit der Mitsprache und der Mitverantwortung bekommen sollten. Bei dieser Gelegenheit wollten die Funktionäre „Talente sichten“ und fördern. Schließlich solle die Jugendmode so gestaltet werden, dass

Bundesarchiv, Bild 183-P0103-013, Werner Großmann

Cottbus 1975. Zu diesem Bild schrieb ADN, die Bildagentur der DDR: Am Konfektionsband im Stammbetrieb des VEB Textilkombinat Cottbus überprüft Gütekontrolleurin Ute Pawlowski sorgfältig Kostümjacken. Die Werktätigen des Kombinates haben die Steigerung der Arbeitsproduktivität und die Erhöhung der Effektivität in den Mittelpunkt ihrer Wettbewerbsinitiativen gesetzt. Neben der kontinuierlichen und stabilen Versorgung der Bevölkerung mit den begehrten „Präsent 20“-Erzeugnissen soll gleichzeitig eine weitere Verbesserung der Gebrauchseigenschaften erreicht werden.

---

sie „den Zeitgeist der Jugend widerspiegelt, und gleichzeitig modisch, aktuell und attraktiv, frisch und farbenfroh, praktisch und kombinierfähig“[33] sei. Und dies könne nur durch das Einbeziehen der Jugendlichen in die Gestaltung und Produktion der Jugendmode geschehen.

Um diese Idee zu realisieren, wurden 1968 die ersten Jugendmodeklubs gegründet, die neben „Jugendbrigaden“, „Jugendobjekten“ und „Jugendforscherkollektiven“ zu den kollektiven Initiativen im Bereich von Wirtschaft und Wissen-

[33] Mode – von der Jugend für die Jugend. Interview mit Erika Weber, Chefgestalterin des VEB Kombinat Trikotagen, zu Fragen der Jugendmode, in: „Bekleidung und Maschenware“ 27/1988, Heft 5, S. 205.

schaft gehörten und in Verbindung mit Berufswettbewerben eine wichtige Form der jugendlichen Zusammenarbeit darstellten. Im Rahmen eines Jugendclubs entwarfen, gestalteten und fertigten die jungen Mitarbeiter die Modelle.

Zusätzlich wurde eine Öffentlichkeitsarbeit angestrebt, die sich auf Modeschauen, Modediskussionen und Modeberatungen konzentrierte und bei denen die Clubmitarbeiter ihre Entwürfe den Zuschauern anhand von Modellen vorstellten. In jedem größeren Betrieb gab es mindestens einen Jugendmodeclub. Die Mitglieder des Jugendmodeclubs arbeiteten sowohl in den Bereichen, die sich mit der Planung der Produktion beschäftigten, als auch in der Technologie, der Produktentwicklung und in der Produktion selbst.

Die Idee der Bildung von Jugendmodeclubs konnte den Eindruck erwecken, dass die Machthaber die Gestaltung der Jugendmode tatsächlich den jungen Menschen überlassen wollten. Dies hätte bedeutet, dass der Staat den Jugendlichen freie Hand bei der Jugendmode gelassen und junge Leute Einfluss auf das Design gehabt hätten. Dies funktionierte allerdings in der Realität nicht. Zwar begannen junge Menschen die Arbeit an den Jugenmodekollektionen, sie mussten sich allerdings nach den Vorgaben des Deutschen Modeinstituts richten. Dieses wurde wiederum stets durch Vorgaben der SED-Führung eingeschränkt. Und da die Sechzigerjahre den Höhenpunkt des Kalten Krieges darstellten, wurde die Mode zu einem kuriosen Zentrum des „politischen Wettbewerbs zwischen dem Kapitalismus und dem Sozialismus“.

ullstein bild 1008347374

VEB Interdruck in Leipzig. Hier wurden bekannte Modezeitschriften wie die „PRAMO“ und die „SIBYLLE“ gedruckt.

Das Deutsche Modeinstitut an der Front des Kalten Krieges

Nach dem Mauerbau wurde der Slogan „Überholen ohne einzuholen“ zum Ausdruck des Ehrgeizes der DDR im Wettbewerb zwischen dem Osten und dem Westen, insbesondere zwischen der DDR und Bundesrepublik, und bekam auch für die Mode eine wesentliche Bedeutung. Bereits 1962 verkündete das Deutsche Modeinstitut:

„Im Wettbewerb mit dem Kapitalismus, vor allem im Wettstreit mit Westdeutschland, muss auch die modische Gestaltung als wesentlicher Bestandteil der Qualität der von uns in der Textil-, Bekleidungs- und Lederindustrie produzierten Konsumgüter in historisch kurzer Zeit den Beweis der Überlegenheit der sozialistischen Gesellschaft erbringen.“[34]

„Sozialistische Mode“ wurde der Mode „der imperialistischen Länder“ gegenüber gestellt und sollte dementsprechend eine Vielfalt aktueller und „komplex“ gestalteter Gesamtbekleidung umfassen. Sie sollte einerseits den wirtschaftlichen und gesellschaftlichen Bedingungen angepasst werden, andererseits die „wahren“ Bedürfnisse der Gesellschaft widerspiegeln und diese beeinflussen.[35] Betont wurde hauptsächlich, dass die richtungsweisende Arbeit des Institutes kein den westlichen Modeländern oft vorgeworfenes Modediktat ausübe und jedem Industriezweig selbst überlasse, welche Tendenzen für die Kollektionen übernommen werden.[36] Die Mode in der DDR solle kein manipuliertes Objekt und keine Profitquelle einzelner Gruppen sein, sondern ein Mittel zur Befriedigung der materiellen und kulturellen Bedürfnisse. Während in den westlichen Ländern modische Wünsche durch die Modebranche geweckt würden, sollte die Mode in der DDR nur durch „die Entwicklung der sozialis-

[34] Wie Anm. 9.

[35] Zum Brief des „Forum“ vom 2.3.1971 an Wolfgang Fröbel, Stiftung Stadtmuseum Berlin, Modesammlung SM 17-80, Bl. 1.

[36] Vera Wutge, Mode für junge Leute, Berlin 1970, S. 14.

tischen Lebensbedingungen“[37] beeinflusst werden. Ein Modewechsel werde dementsprechend nicht von der auf Profit fixierten Modebranche beschleunigt, sondern werde so dynamisch sein, wie sich Lebensbedingungen und Bedürfnisse entwickeln. Der Ehrgeiz der DDR bestand jetzt darin, im politischen Konkurrenzkampf mit der Bundesrepublik eine schönere, qualitativ wertvollere, gleichzeitig aber auch zweckmäßigere, langlebigere und preiswertere Mode zu entwickeln.

Diese Grundlage des Modeschaffens in der DDR galt besonders für die Jugendmode, die durch die Erkenntnis ihres hohen Stellenwertes für die Jugendlichen zu einem Instrument der Propaganda wurde:

„Sie [die Bekleidung – A.P.] trägt entscheidend dazu bei, das Verhalten zu steuern. Sie wirkt auf seine [des Individuums – A.P.] Empfindungen und trägt dazu bei, die Eigenarten des Individuums zu prägen und wird damit zu einem Faktor der Erziehung. Im Sozialismus wird diese Funktion bewusst für die Entwicklung des Jugendlichen zur allseitig gebildeten Persönlichkeit genutzt. Der durch die Gestaltung sichtbar gewordene Erziehungswert der Bekleidung besteht in der Einheit von Anpassung an die Bedingungen der Lebensbereiche und sich daraus ergebender Bedürfnisse der Jugend, von ästhetischer Gestaltung und Funktionstüchtigkeit“.[38]

Das Zitat weist nicht nur auf die politisch-ideologische Aufgabe der Modegestaltung hin, sondern macht darüber hinaus deutlich, dass die Bedürfnisse der Jugend den Vorstellungen des Staates entsprechen und aus der Anpassung an vorgeschriebene Regeln resultieren sollten. Die Aufgabe der Mode war es, dies zu veranschaulichen. Die Befriedigung der Bekleidungsbedürfnisse der Jugend zähle hierbei zu den dringlichsten Aufgaben, denn damit könne Lebensfreude, Selbstbewusstsein und Leistungswille geweckt werden. Die Versorgung mit jugendtypischen Produkten soll-

---

37 Wie Anm. 34.

38 Deutsches Modeinstitut, Jugendalter/Mode. Grundlagen, Triebkräfte und Merkmale der Jugendmode, Vortrag anlässlich der zentralen Gestaltertagung, 1971, Stiftung Stadtmuseum Berlin, Modesammlung SM 17-6, Bl. 1.

te für die Jugend ein besonderes Stimulans hoher Leistungen darstellen, sodass mit einer bedarfsgerechten Versorgung ein großer Einfluss auf die Haltung der Jugendlichen zum Sozialismus, auf ihre Leistungsbereitschaft und ihre Leistungen selbst ausgeübt werde. „Die Bereitstellung eines vielfältigen Angebotes von ausgezeichnet gestalteten Einzelbekleidungsstücken, die entsprechend dem individuellen Geschmack kombiniert, komplettiert und variiert werden können“[39], sollte zum Ziel des Jugendmodeschaffens führen, „eine sozialistische Persönlichkeit zu entwickeln“[40]. Zu einer sozialistischen Persönlichkeit zähle jemand, der seine Interessen und Fähigkeiten allseitig entwickle – und dabei sei die Mode nur ein und bei weitem nicht der wichtigste Faktor.

Praktisch umgesetzt werden sollten diese Aufgaben durch die Modedesigner in den „Anleitungskollektionen“. Diese Modetrends, die das Institut entwickelte, sollten die Lebensauffassung der sozialistischen Gesellschaft widerspiegeln. Dies sollte einerseits unter „Beobachtung der wichtigsten politischen, künstlerischen, kulturerzieherischen und technisch-ökonomischen Faktoren“[41], andererseits auch der internationalen (sowohl aus dem sozialistischen, als auch dem kapitalistischen Ausland übernommenen) Trends geschehen. Die Tendenzen der internationalen Modewelt durften jedoch nicht unkritisch umgesetzt werden; „lässige und dekadente“ Auffassungen beispielsweise waren in der DDR unzulässig. Die Jugendmode sollte keinen „schockierenden Neuigkeits-Sensationscharakter“ haben.[42] Darunter wurden hauptsächlich alle Arten von Anti-Mode verstanden, mit deren Hilfe Teile der Jugend zunächst provozieren wollten, die

39 Wie Anm. 34.

40 Wie Anm. 2.

41 Deutsches Modeinstitut, Konzeption des Deutschen Modeinstituts zum Begriffsinhalt „hochmodisch“, Berlin 1962, Stiftung Stadtmuseum Berlin, Modesammlung SM 8-3, Bl. 2.

42 Modeinstitut der DDR, Bereich Modeforschung, Vortrag anlässlich der 3. Gestaltertagung mit dem Thema „Zu einigen sozialen und psychischen Voraussetzungen des Bekleidungsbedürfnisses und der Mode“, Berlin 1972, Stiftung Stadtmuseum Berlin, Modesammlung SM 18-14, Bl. 17.

gegen allgemein gesellschaftlich anerkannte Kleidungskonventionen standen und deren Vorgaben später in den westlichen Ländern von der Haute Couture übernommen wurden. Die Notwendigkeit des Filterns solcher Modeeinflüsse wurde in einem Vortrag anlässlich der zentralen Gestaltertagung durch die „Grundsatzgruppe“ des „Deutschen Modeinstitutes“ 1971 noch einmal unterstrichen:

„Weiterhin ist es wichtig, Modetendenzen zu untersuchen, die besonders in informellen Gruppen durch den Einfluss imperialistischer Massenmedien im Widerspruch zum sozialistischen Bekleidungsstil entstehen, die Motive für die Aufnahme solcher Erscheinungen zu ermitteln und Möglichkeiten zu finden, diese unwirksam zu machen“.[43]

Nur „gute Ideen“ im Sinne der Ideologie konnten sich durchsetzen und wurden den sozialistischen Bedingungen angepasst.[44] Den westlichen Modemachern wurde vorgeworfen, ein Modediktat vor allem im Bereich der Jugendmode anzustreben und die Jugend Westeuropas zum Konsum anzustacheln, um die eigenen Ziele der Gewinnmaximierung zu erreichen.

Dieser Grundlage folgend wurden viele westliche Modeerscheinungen in der DDR zunächst völlig verpönt: Jeans und Parka als Symbol des „American way of life“ durften weiterhin nicht getragen werden. Das Verbot war so streng gehalten, dass noch 1969 die Zensur die Schriftstellerin Brigitte Reimann zwang, aus dem Text ihres Buches das Wort „Niethose“ zu streichen und durch „Hose“ zu ersetzen.[45]

Auch die Mini-Mode entsprach in den Augen der Funktionäre zunächst nicht der sozialistischen Lebensweise. Als die Minilänge im Westen zur Mode wurden, endeten vor 1966 alle Versuche seitens der Modedesigner, diese Länge auch in der DDR durchzusetzen, mit der optischen Verlängerung, also Retuschierung, der fotografierten Modelle. Erst seit 1966 wurde das Kleid in der DDR-Presse etwas kürzer, auch

43 Wie Anm. 37, Bl. 2.

44 Vgl. Wutge (1970), S. 11.

45 Brigitte Reimann, Alles schmeckt nach Abschied. Tagebücher 1964-1970, Berlin 2008, S. 292.

Süddeutsche Zeitung, Bild-ID 00627243, Klaus Morgenstern

Ost-Berlin 1971.

wenn dies noch keine extreme Kürze war. Allerdings trugen die jungen Frauen auf der Straße immer mehr Kurzröcke, sodass diese im Alltag Realität wurden. Nachdem jedoch die Kürze des Kleids schließlich auch von den Ideologen akzeptiert wurde, wurde stattdessen die Maxi-Mode in der DDR als dekadent angesehen.

Eine ideologische Dimension bekam in der DDR auch die Chemiefaserentwicklung. In der westlichen Modewelt der Sechzigerjahre gewannen neben den klassischen Stoffen die synthetischen Stoffe immer mehr an Bedeutung. Die DDR folgte diesem Trend der Chemiefaser. Das Chemieprogramm sollte das ehrgeizige Ziel der DDR erfüllen, den kapitalistischen Westen zu überholen. Das Jubiläum des 10-jährigen Bestehens der DDR im Jahre 1959 feierte man daher unter dem Zeichen der Abgrenzung zur Bundesrepublik. Aus die-

Süddeutsche Zeitung, Bild-ID 00782214, Klaus Morgenstern

Halle an der Saale 1969.

sem Anlass machte der Staat den DDR-Bürgern ein ungewöhnliches „Geschenk“: Einen neuen Namen für die synthetische Faser Polyamid, die bis dahin in beiden deutschen Staaten unter den Namen *Perlon* verbreitet gewesen war. Nun wurde die Bezeichnung DEDERON eingeführt, die sich von der Abkürzung der Deutschen Demokratischen Republik (DDR) und der für synthetische Stoffe typischen Endung „on“ ableitete.

Ein eigenständiger Name für Polyamid war allerdings nicht nur das Bestreben der DDR. Auch die Bundesrepublik Deutschland wollte ihre Marke *Perlon* durch einen Eigennamen schützen. Zwar war die DDR für die Bundesrepublik keine Konkurrenz auf dem Weltmarkt, dennoch blieb es bei der

Markenhoheit. In der DDR wurde Polyester unter dem Namen Grisuten, Polyacrylnitril als Wolpryla und Polyvinylchlorid als Piviacid bekannt. Diese spezifischen DDR-Namen für Chemiefasern blieben bis zur Wende 1989 erhalten.

Zu einem anderen Symbol der DDR-Träume von der Eigenständigkeit wurde der synthetische Polyester-Stoff „Präsent 20“. Auch hier handelte es sich um ein „Geschenk“ des Staates an die Bürger der DDR im Rahmen des 20-jährigen Jubiläums der DDR im Jahre 1969. Stoffproduzent war der Textilbetrieb VEB Textilkombinat in Cottbus. Der Betrieb produzierte den Stoff im Rahmen des Fünfjahrplanes 1966-1970. „Präsent 20“ sollte zu einem Produkt in Hochqualität werden. Allerdings war der Stoff eine DDR-Version des westdeutschen synthetischen Stoffes „Trevira 2000“ und wurde in Cottbus sogar mit Maschinen aus der Bundesrepublik und unter Nutzung der westlichen Polyesterfasern produziert.

Auf diesen ideologisch-theoretischen Grundlagen erarbeitete die Modeforschungsabteilung im Deutschen Modeinstitut mit einem Vorlauf von zwei Jahren die Kollektionen. Dem ging eine detaillierte Analyse der internationalen Modetendenzen in den führenden westeuropäischen Modeländern und in den sozialistischen Ländern, der Lebensweisen und Modebedürfnisse, des spezifischen Bedarfs bestimmter Verbrauchergruppen und der verfügbaren Grundmaterialien, Textilien und wissenschaftlich-technischen Entwicklungen voraus. Eine wesentliche Rolle für die Ermittlung der jugendlichen Bedürfnisse spielte dabei auch die Marktforschung, die das Modeinstitut gemeinsam mit dem „Institut für Marktforschung“ in Leipzig und dem „Zentralinstitut für Jugendforschung“ in Leipzig durch zahlreiche Konsumentenbefragungen und Umfragen durchführte.

Dieser theoretisch-konzeptionelle Ideenvorlauf diente als erster Schritt für die praktische Arbeit am detaillierten Entwurf der Modelle, d.h. die Herausarbeitung der typischen Silhouetten und Gestaltungslösungen, die Bestimmung der Farben, der Designs. Die Hauptaufgabe aller Modegestalter bestand darin, gemeinsam eine Kollektion zu entwerfen, die Modeanleitung und -empfehlung für die Textil-, Bekleidungs-, Schuh- und Lederwarenindustrie sein sollte. Die Modedesigner waren Fachleute, die meistens nach einer abgeschlossenen Lehre im Textilbereich an einer Kunsthochschule oder an einer Ingenieurschule für Bekleidungstechnik studiert hatten. Sie arbeiteten kollektiv im Team. Sowohl die Presse als auch das Fernsehen stellten die Modelle unter der gemeinsamen Bezeichnung des Modeinstitutes vor. Die einzige Möglichkeit, eigene Projekte unterschreiben zu dürfen, gab die Kunstausstellung des Verbandes der Bildenden Künstler, in dem auch Modedesigner organisiert waren. In dem aus diesem Anlass vorbereiteten Katalog wurden alle Entwürfe und Modelle mit konkretem Namen vorgestellt.

Die Arbeit an der Entwicklung der Anleitungskollektion begann jede Saison mit Vorgesprächen, in denen Modedesigner Hinweise von der Modeforschungsabteilung erhielten. Die Hinweise entsprachen den staatlich-ideologischen Aufgaben der Jugendmode. Zudem dienten neben den Hinweisen der Modeforschungsabteilung auch eine Sammlung wichtiger internationaler Modezeitschriften und Bücher sowie Museen- und Ausstellungsbesuche als Arbeitsvorlage. Reisen dagegen unterlagen besonderen Beschränkungen. Ins westliche Ausland durften in der Regel nur Mitglieder der so genannten Reisekader fahren.

Reisekader waren oft Parteimitglieder. Sie hatten eine politisch orientierte Schulung abgeschlossen, waren auf politische Loyalität überprüft worden und erfüllten zusätzlich gewisse Voraussetzungen: Sie hatten ein bestimmtes Alter (über 25 Jahre) und Familie (am besten mit Kindern). Dies sollte eine Garantie dafür sein, dass die Mitarbeiter in die DDR zurückkehrten.

Die Delegierten vertraten das Institut auf den wichtigsten internationalen Modemessen. Sie brachten daher Informationen und Materialien mit, die später detailliert ausgewertet und dem gesamten Institutsteam vorgestellt wurden. Aber sie durften ins sozialistische Ausland fahren. Dadurch, dass die internationale Zusammenarbeit innerhalb des Ostblocks zu den wichtigen Aufgaben des Instituts gehörte, trafen sich auch jährlich Spezialisten beispielsweise auf der „Tagung der Ständigen Arbeitsgruppe für die wirtschaftliche und wissenschaftlich-technische Zusammenarbeit auf dem Gebiet der Bekleidungsindustrie und der Bekleidungskultur". Im Mittelpunkt dieses Treffens standen Modenschauen, die internationale Tendenzen und nationale Eigenheiten zeigen sollten.

Die in den eigenen Werkstätten angefertigte Anleitungskollektion wurde danach von der Leitung des Hauses und vom Ministerium begutachtet und abgenommen. Einige Modelle wurden durchaus abgelehnt. Da die Trendkollektion später von der Industrie und dem Handel abgenommen werden sollte, spielte bei den Entscheidungen neben dem ideologischen meist der wirtschaftliche Kontext eine wesentliche Rolle. Die Auseinandersetzungen zwischen Designern und Ministerium betrafen meist den Material- und Zeitaufwand. Allerdings war der Einsatz heller Farben, die den Optimismus der sozialistischen Gesellschaft widerspiegeln sollten, eine der wichtigen Regeln im Bereich der Jugendmode. Zwar stellte man die klassischen Modeelemente, wie etwa das „Kleine Schwarze" von Coco Chanel, nicht mehr in Frage; allerdings versuchte man den jungen Frauen einen Wechsel der Farbe aufzudrängen und daraus das „Kleine Blaue" oder „Kleine Rosafarbene" zu machen:

„Wer das kleine Schwarze erwerben will, soll daraus ein kleines Weißes, Hellblaues oder Rosafarbenes werden lassen; denn was könnte in der Mode den Optimismus der Jugend deutlicher ausdrücken, als gerade die Farbe?"[46]

Da insgesamt die internationalen Trends in der Farbgestaltung für die modische Bekleidung zu der Zeit oft in Nuancen mit Grauanteilen abgemischt wurden, wurden in den dazugehörigen sachlichen Farbbeschreibungen Bezeichnungen wie etwa „mit Grauanteil" oder „dunkle Töne" genutzt. Im Modeinstitut musste dies jedoch auf Anregung der poli-

[46] Wutge (1970), S. 95.

tischen Leitung stets verändert werden, damit die Farben in der DDR besser den Optimismus und die Lebensfreude der DDR-Bevölkerung widerspiegeln konnten.

Wikipedia

Das „Kleine Schwarze".

Papierkleider für die Arbeiterjugend?

Angesichts der Kritik seitens der Obrigkeit an den unpraktischen, dekadenten und kurzzeitigen „Modephänomenen“ der westlichen Modedesigner, kam es 1968 in der DDR zu einem erstaunlichen und überraschenden Ereignis: Im Mai 1968 startete die Redaktion der Zeitschrift der sozialistischen Jugendorganisation „Junge Welt“ eine Werbekampagne der „Papierkleider“, die unter dem Motto „100 Kleider warten auf ihre Trägerinnen / Ihr testet – Konfektionsbetriebe produzieren“[47] mehrere Wochen lang lief und als Test ei-

...und in die Ferien mit Vliesett

Warum Sommerkleider aus Vliesett eine ideale und hübsche Angelegenheit für den Urlaub auf dem Zeltplatz und anderswo sind

Natürlich gehören in einen Ferienkoffer für den Zeltplatz unbedingt lange Hosen und Shorts, aber dicht daneben sollte auch ein Vliesettkleid verstaut werden. Wer im vergangenen Jahr schon einmal Ferien mit Vliesett gemacht hat, wird diese Empfehlung sicherlich bestätigen.

Was macht Vliesettkleider so beliebt gerade für die Ferienreise?

Diese Kleidchen, die zu 60 Prozent aus Viskosefasern, zu 20 Prozent aus Polyesterfasern und zu 20 Prozent aus Polyamidfasern bestehen, sind sehr leicht und nehmen wenig Platz im Koffer ein. (Junge Welt verschickte vor zwei Jahren 100 Vliesettkleider an 100 junge Mädchen zum Testen in Briefkouverts!)

Außerdem sind Vliesettkleider sehr preisgünstig — ab 8.90 Mark sind sie zu haben — und die Mittel dafür können dadurch sicher leichter vom gesparten Urlaubsgeld abgezwackt werden.

Und trotz des niedrigen Preises sind sie sehr pflegeleicht. Bügeln ist zum Beispiel überhaupt nicht erforderlich, auch wenn sie eben erst aus dem vollen Koffer gekommen sind (siehe auch unsere nebenstehenden Pflegehinweise).

Da man die Kleider kürzen kann, indem man den lästigen Zentimetern einfach mit der Schere zu Leibe geht (Umsäumen entfällt), kann man seine Urlaubsgarderobe sogar spielend verwandeln. Während man zum Beispiel in der ersten Woche das Kleid in normaler Länge trägt, kann man es für den Rest der Ferien gekürzt als Minikleid zu der langen Hose ausführen.

Sollte jemand Pech haben und sich sein Vliesett am Baum oder am Strauch aufreißen, so ist dieser Schaden schnell zu beheben, und zwar ganz ohne Nadel und Faden. Wenn man von links einen Streifen durchsichtige Klebefolie über den Riß klebt, ist er von außen weder zu spüren noch zu sehen. Allerdings muß dieser „Klebevorgang“ nach jeder Wäsche wiederholt werden, da sich der Klebstoff durch das Wasser löst.

Und noch etwas, wegen ihrer leuchtenden Farbigkeit und ihrer phantasievollen und schwungvollen Muster sind Vliesettkleider so ganz und gar einer heiteren Ferienstimmung angepaßt.

Die Modellgestaltung ist ebenso vielfältig wie die Dessinierung. Da gibt es runde, spitze und viereckige Ausschnitte und Ausschnittlösungen mit kleinem Kragen. Da gibt es Modelle mit großen, aufgesetzten Taschen und völlig schmucklose. Da gibt es solche, die an der Seite geschlitzt sind, und solche, die einen runden Kantenabschluß haben. Einige davon haben wir auf unserer unteren Zeichnung skizziert.

Das erste Modell (v. l. n. r.) zeigt aufgesetzte Taschenklappen und einen Kragen. Das nebenstehende ist völlig schmucklos. Blickpunkt am nächsten ist die Paspeleinfassung des Ausschnitts, und die Skizze daneben zeigt ein schlichtes Kleid mit eckigem Ausschnitt. Asymmetrisch ist der vorletzte Entwurf gestaltet, und der letzte zeigt am Saumabschluß kleine Schleifen

Zeichnung: Wutge

Wie pflege ich mein

VLIESETT ?

Waschen
Mühelos im handwarmen Wasser unter Verwendung eines Feinwaschmittels waschen, mehrfach leicht ausdrücken, nicht wringen, reiben oder bürsten.

Spülen
Erst im lauwarmen, dann in kaltem Wasser spülen, bis das Wasser klar bleibt.

Trocknen
Am besten auf einem Plastebügel trocknen. Am nächsten Tag ist das Kleid wieder trocken und glatt. Kleine Restfältchen verschwinden rasch beim Tragen. Bitte Vliesett nicht schleudern!

Bügeln
Ist nicht erforderlich. Sollte das Kleid versehentlich doch geschleudert worden und so stärkere Knitter entstanden sein, kurz überbügeln mit einem Reglerbügeleisen auf der Einstellung „Dederon“.

Chemisch reinigen
läßt sich Vliesett ebenfalls, ist jedoch wegen des damit verbundenen Aufwandes kaum zu empfehlen.

Wo kaufe ich

VLIESETT ?

Vliesettkleider führen alle Centrum-Warenhäuser unserer Republik. Die Warenhäuser befinden sich in den Städten:

Berlin
Dresden
Erfurt
Görlitz
Halle
Hoyerswerda
Karl-Marx-Stadt
Leipzig
Neubrandenburg
Rostock
Suhl

Außerdem werden in Strandbädern und in verschiedenen Urlaubsorten Sonderverkaufsstände eingerichtet, um den Mädchen und Frauen Gelegenheit zu geben, für besonders heiße Tage auf die Schnelle noch zusätzlich ein Urlaubskleid zu erwerben.

Junge Welt, 15.05.1970

[47] JW-Leser testen „Vliesett“, in: „Junge Welt“ vom 3.05.1968, S. 16.

ner neuen Stoffart – Vliesett – angekündigt wurde. Die so genannten Vliestextilien, aus dem die „hochmodischen" Sommerkleider für junge Mädchen gefertigt wurden, bestanden aus 60 Prozent Regan (Zellwolle), 20 Prozent Dederon und 20 Prozent Grisuten, also aus Faservlies mit einem Anteil von 30 bis 40 Prozent eines Bindemittels, bedruckt mit Pigmentfarben.

Die Vliesett-Kleider, oft Papierkleider genannt, weil sie mit Papiertechnologie hergestellt wurden, erreichten im Westen in den Sechzigerjahren große Popularität im Rahmen der von der Pop-Art inspirierten Pop-Mode, die oft Materialien wie Vinyl, Plastik, Aluminium, Zellophan, Karton usw. bevorzugte. Mit solchen „Wegwerf-Kleidern" aus Papier experimentierten beispielsweise der Künstler Andy Warhol sowie Modedesigner wie Elisa Dabbs und Paco Rabanne. Besonders beliebt wurden die Papierkleider (auch Haushaltsprodukte aus Papier) jedoch zwischen 1966 und 1968, nachdem sie von einem Werbeprodukt der Firma Scott Paper Company zu Designer-Papierkleidern avancierten und Kaufpreise wie die textile Mode erreichten. Die Kleider hielten laut dieser Werbekampagne ungefähr fünfmaliges Tragen aus. Veränderungen an ihnen führte man mit einer Schere aus, repariert wurden sie mit Hilfe eines Klebebandes. Nun führte zwei Jahre nach der Werbekampagne der Firma Scott Paper Company die Parteizeitung „Junge Welt" eine erstaunlich identische Werbeaktion in der DDR.

Bei dem Test handelte es sich um einen Fragebogen, den die Redaktion vorbereitet hatte und der von den „glücklichen Trägerinnen" ausgefüllt werden sollte. Da das Kleid als „fünfmal waschbar, farbenfroh und preisgünstig" angekündigt wurde, sollte auch die Frage beantwortet werden, ob es wirklich fünfmal Waschen überstand, sich angenehm trug, leicht pflegen ließ und farbbeständig war. Die Redaktion bekam von der VVB Konfektion 100 Exemplare der Vliesettkleider mit der Forderung, diese an die JW-Leserinnen weiter zu schicken. Sollte der Test positiv verlaufen, könnten die Kleider in großen Mengen von der Konfektionsindustrie hergestellt werden. Die Aktion war jedoch nicht nur ein

Probelauf, sondern vielmehr eine Werbekampagne. Nicht nur der Ausdruck „hochmodische Sommerkleider“ deutete darauf hin, dass es sich um „eine Besonderheit“ handelte. Das Vliesettkleid eigne sich zum Stadt- oder Strandbummel, zum Tanzen, aber vor allem sei es ein Modeschlager für nur eine Saison, was die „Junge Welt“ entsprechend kommentierte und goutierte: „Sie kommen unserem Bedürfnis entgegen, etwas modisch Neues schnell ausprobieren zu können“. Und das sollte gelingen, da das Kleid preisgünstig für nur 11,50 Mark zu bekommen sei. Allerdings konnten Vliesettkleider nicht in der Schule und vor allem nicht beim Radfahren oder Federballspiel getragen werden. Sie durften auch nicht zu eng am Körper liegen, weil, der „Jungen Welt“ zufolge, „durch starkes Bewegen der Arme Einreißgefahr besteht“. Deswegen sollten sie besonders am Ärmelausschnitt nicht zu knapp bemessen sein. Das Vliesstoffkleid sei leider nicht so reißfest wie ein Stoffkleid. Dafür habe es viele andere Vorteile: Es sei sehr pflegeleicht, es könne mit Feinwaschmittel und bei 40 Grad Celsius gewaschen werden. Allerdings dürfe man es nicht reiben. Es benötige auch kein Bügeln: einfach waschen, spülen, bis das Wasser klar sei und nass aufhängen, lautete die Gebrauchsanweisung. Solle es doch gebügelt werden, sei auch das kein Problem: Nur auf Dederon einstellen und bügeln. Es habe auch noch „den besonderen Pfiff“, dass die richtige Länge des Kleides selbst bestimmt werden könne: „Die richtige Länge des Kleides könnt ihr mühelos selbst bestimmen. Ihr nehmt eine Schere und schneidet die entsprechenden Zentimeter ab. Umsäumen ist dann nicht mehr erforderlich.“[48] Dies lohne sich gerade im Urlaub, denn dadurch könnte man die „Urlaubsgarderobe spielend verwandeln“.[49] Eine Woche trage man es lang, für den Rest kürze man etwas und so habe man schon zwei Möglichkeiten mit einem Kleidungsstück. Auch für den Fall des Zerreißens hatte die „Junge Welt“ einen Rat: „Wenn man von links einen Streifen durchsichtige Klebefolie

48 Sommerschlager aus Vliesett, in: „Junge Welt“ vom 8.05.1970, S. 16.

49 ...und in die Ferien mit Vliesett, in: „Junge Welt“ vom 15.05.1970, S. 6.

über den Riss klebt, ist er von außen weder zu spüren noch zu sehen. Allerdings muss dieser 'Klebevorgang' nach jeder Wäsche wiederholt werden, da sich der Klebstoff durch das Wasser löst".

Das Vliesettkleid kann durchaus als Ausdruck staatlichen Bemühens angesehen werden, den generationsspezifischen Bedürfnissen gerecht zu werden indem auf westliche Modeerscheinungen zurückgegriffen wurde. Allerdings wurde die Tatsache, dass Vliesettkleider in den Sechzigerjahren im Westen schon lange höchst populär waren und dass deren Entwicklung in der westlichen Modewelt eng mit der Pop-Kultur zusammenhing, in der Kampagne völlig verschwiegen. Anderseits erstaunt die Begeisterung der DDR-Jugendlichen für das Papierkleid nicht, wenn man den miserablen Zustand der Jugendmode zu dieser Zeit berücksichtigt. Dazu kommen noch zwei andere Faktoren: Die Ungewöhnlichkeit des Stoffes und die Kürze seiner Lebensdauer. So etwas wurde von der DDR gar nicht erwartet: „Nicht schlecht, man merkt gar nicht, dass es kein Stoff im üblichen Sinn ist"[50] - mit diesen Worten kommentiert ein Schüler das neue Vliesettkleid. Da die „Junge Welt" ausgesprochen massive Werbung dafür machte und zum praktischen Ausprobieren aufforderte, stellte sich das Experiment als aufregend heraus. Für die Jugendorganisation FDJ, deren Mitglieder bei der Kampagne mitmachten, schienen dagegen vor allem die „optimistischen Farben" von Vorteil, was man aus dem Kommentar eines FDJ-Funktionärs entnehmen kann: „Super! In grellen Farben – das gefällt mir!".

---

[50] Ein Frühlingsfest mit „Vliesett", in: „Junge Welt" vom 31.05.1968, S. 16.

Diskussionen um die Mini – Midi – Maxi – Mode

Als zu Beginn der Siebzigerjahre die Diskussion um die neue Länge „Maxi“ ausgebrochen war, griff sie unvermeidlich auch auf den Osten über. In der DDR fanden die heftigen Diskussionen schon direkt 1970 statt. Die Maxi-Länge wurde hier stark kritisiert und im Informationsdienst des Deutschen Modeinstituts meldete man eine „Absage an Maxi“. Die extremen Längen (knöchellang bis halbe Wade) galten als ästhetisch nicht überzeugend und als unzweckmäßig, nicht modern genug und absolut gegensätzlich zum Lebensstil in der DDR, der sehr aktiv und beweglich sein sollte.[51] Die differenzierten Längen von kniefrei über kniebedeckt bis maximal 10 cm unter das Knie wurden zwar für die Tagesbekleidung empfohlen, allerdings nur bei Berücksichtigung von Verwendungszweck und Figur der Trägerin. Bei der Tages- und Berufsbekleidung wurden die Maxi-Längen als „antiquierte Verfremdung“ abgelehnt. Insofern wurde eine extreme Länge nur bei Festkleidern und Strandröcken gestattet, wobei der praktische Zweck (Schutz gegen Sonne und Wind) sogar die Gestaltung beeinflussen durfte.

Durch die Diskussionen über Maxi kamen wieder antimarktwirtschaftliche Aussagen in die Öffentlichkeit, die offensichtlich gegen westliche Modedesigner gerichtet waren. Nach der DDR-Auffassung solle die Maximode rein kommerziellen Zwecken dienen, um den Kunden zu zwingen, ständig etwas zu kaufen, und man versuche „mit Hilfe der Mode aus einem Miniverbrauch an Stoff einen Maxiverbrauch zu machen“.[52]

Das Maxi-Länge-Problem in der DDR wurde jedoch paradoxerweise ebenso ökonomisch begründet. Seit 1967 kämpfte die DDR erneut verstärkt mit wirtschaftlichen Problemen und Engpässen, sodass die Maxi-Mode nicht nur ein

[51] Von kniefrei bis kniebedeckt. In: „Wochenpost“ vom 25.12.1970, S. 30.
[52] In Kürze wieder länger? In: „Junge Welt“ vom 28.08.1970, S. 16.

Frisur, 1971/4

ideologisches, sondern vor allem ein ökonomisches Problem war: eine solche Länge erforderte mehr Stoff, also auch mehr Kosten. Dies versuchte man jedoch geschickt, hinter der Theorie des sozialistischen Lebensstils zu verstecken.

In einer solchen Situation war es wichtig, dass die Modepresse der Debatte um die Differenzierung der Länge keine große Resonanz schenkte. Deshalb wurde weiter gefordert, dass „insbesondere die Redaktionen der Modezeitschriften absichern, dass keine Modelle der Maxilänge und auch nur relativ wenige Modelle der Midi-Länge in den einzelnen Zeitschriften als modische Anregungen propagiert werden".

Die DDR-Bevölkerung blickte am Abend per Fernseher nach Westen und informierte sich über Modetrends. In den Modezeitschriften versuchte man, die jungen Frauen und Mädchen zu überzeugen, dass der von Paris propagierte neue Stil nicht jugendlich wirke, sondern „ältlich – brav, flachbrüstig und völlig unerotisch".[53] Dem von der Haute Couture bevorzugten dekadenten Typ, „der weder Busen noch Hüften, oft auch keine Taille hat und schlangenhaft schmal ist" wurde eine aktive, sich ständig in Bewegung befindliche und mit normaler Figur ausgestattete DDR-Frau gegenübergestellt:

„In unserer Republik sind etwa 70 Prozent aller Frauen berufstätig. Sie stehen aktiv im gesellschaftlichen Leben, nutzen öffentliche Verkehrsmittel und gehen selbst einkaufen. Sie haben durchaus normale Figuren und brauchen eine praktische, sachliche, sportlich-bequeme Kleidung, die ihren körperlichen, materiellen und geistigen Bedürfnissen entspricht. Sie brauchen eine Mode, in der sie sich in unserer Öffentlichkeit bewegen können."

Diese Diskussionen berücksichtigend, bereitete das Deutsche Modeinstitut für die Industrie eine entsprechende Kollektion für 1970/1971 vor. In dieser wurden 70 Prozent in Mini-Längen und 30 Prozent in variablen Längen vorgestellt. Für Frühjahr/Sommer 1971 wurde die Kollektion sogar in die Komplexe „Tag und Beruf" und „Freizeit" aufgeteilt. Die Modelle für den Beruf orientierten sich hauptsächlich auf drei Längen: kurz, kniebedeckend und maximal 10 cm unterhalb des Knies. Für die Freizeit durften für Fest-, Strand-, Camping- und Badebekleidung auch längere Formen als solche mit maximal 10 cm unter dem Knie gewählt werden.

53 Mia Heim, Mini-Midi-Maxi?, In:„Frisur" 4/1971, S. 12.

Und obwohl angenommen wurde, dass die Mini-Mode sich vorwiegend an die jungen Verbraucher und Midi an die älteren richtete, wurde in der Realität sowohl Maxi als auch Midi hauptsächlich von den jüngeren Frauen bevorzugt. Die jungen Frauen begeisterten sich nämlich für die westliche Mode, über welche sie sich überwiegend durch westdeutsche Medien, Fernsehen und Frauenpresse informierten. Im DEFA-Film „Der Dritte“ (1972, Regie: Egon Günther) erzählt eine junge Protagonistin mit Enthusiasmus ihren Freudinnen, dass sie Schnittmuster für die Maxi-Kleider ergattert hatte. Auf die verzweifelte Frage einer der Frauen, ob ihr so ein langer Rock stehen würde, antworteten alle anderen, dass in Maxi alle gut aussähen. In der DDR verbreitete sich unter den jungen Frauen der Spruch: je jünger, desto länger. Gleichzeitig wurde also Mini und Maxi getragen und Midi blieb als Kompromiss zwischen den beiden Längen.

SIBYLLEs
EXTRA-MODELLE
ARBEITSBOGEN
HEFT 4/69
DIESMAL BAHNENRÖCKE

Jahrelang war der gerade Rock mit Diorfalte der große Favorit. Im gleichen Maße wie die Rocklängen ging jedoch sein modischer Einfluß immer mehr zurück. Nun hat er seine modische Rolle ausgespielt. Kurze Röcke vertragen sich eben besser mit einer ausgestellten, jung wirkenden Silhouette. Von verschiedenen Möglichkeiten haben wir für Sie einen Bahnenrock ausgewählt, denn er kommt unserem Anliegen, Ihnen einen unkomplizierten Schnitt mit vielen modischen Interpretationsmöglichkeiten zu bieten, besonders entgegen. Die wenigen Modelle auf diesen Seiten können dafür natürlich nur Beispiele sein. Nehmen Sie unseren Schnitt, stellen Sie sich eine Vielzahl von Geweben vor, erfinden Sie neue Details und schneidern Sie sich dann genau den Rock, den Sie sich vielleicht schon lange wünschen.
Modelle und Text: Ilse Laatz-Krumnow
Modellanfertigung: Eva Müller
Fotos: Roger Melis

Bei Bedarf die Klammer aufbiegen
und den Bogen herausnehmen

37

Sibylle, 1969/4

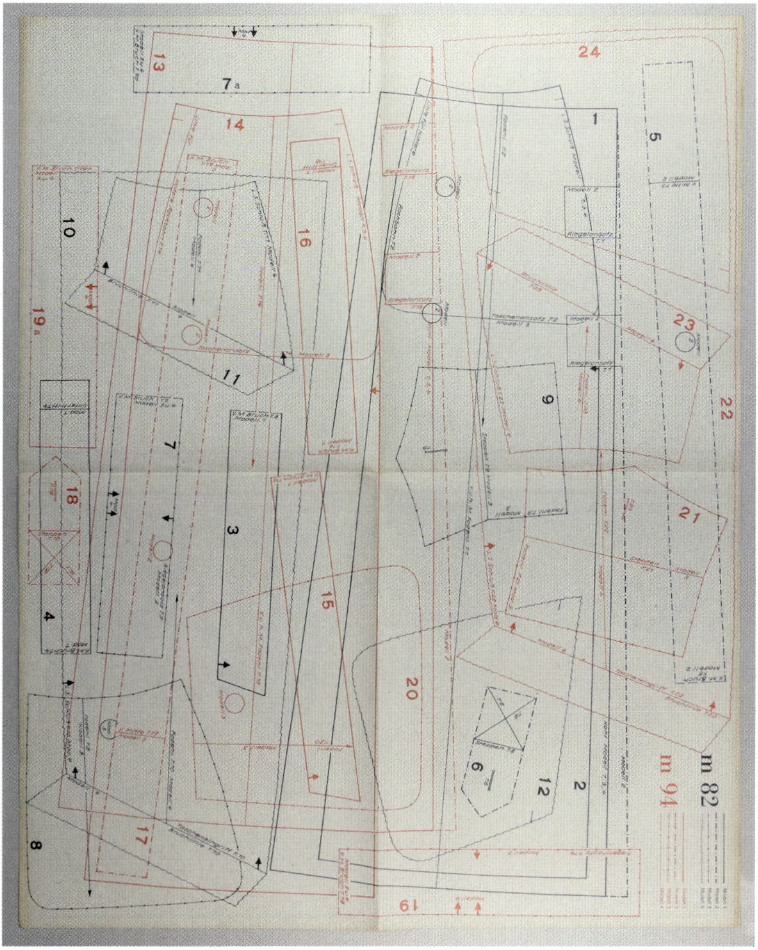

Sibylle, 1969/4

Sibylle, 1969/4

„Berufstätig"
Das Deutsche Modeinstitut der DDR schrieb: „Das aparte und damenhafte Modell in Schokobraun wird durch ein farblich gut abgestimmtes Seidentuch belebt."

Mode als Konsumprodukt

Nach dem Regierungswechsel im Jahre 1971 war die internationale Anerkennung der DDR als eigenständiger Staat, vor allem gegenüber der Bundesrepublik Deutschland, ein wichtiges Ziel der Außenpolitik der DDR. Demonstrativ wurde die Abgrenzung gegenüber der Bundesrepublik dadurch betont, dass, wie bei vielen anderen gesellschaftlichen Institutionen und Organisationen, der Institutsname „Deutsches Modeinstitut“ durch „Modeinstitut der DDR“ ersetzt wurde.

Im Kontext dieser Bemühungen, die schließlich mit der internationalen Anerkennung der DDR während der „Konferenz über Sicherheit und Zusammenarbeit in Europa“ 1975 in Helsinki erfolgreich waren, brachte die Politik des neuen Parteichefs Erich Honecker in den ersten Jahren einige Erleichterungen. Bereits auf dem VIII. Parteitag der SED im Juni 1971 verkündete Honecker die „weitere Erhöhung des materiellen und kulturellen Lebensniveaus des Volkes“ und eine mildere Jugendpolitik. International wollte sich die DDR als ein moderner und offener Staat darstellen. Innenpolitisch bedeutete dies die Ankündigung der neuen konsumorientierten Politik Honeckers, die versuchte, mittels des Konsums und der staatlichen Förderung die Jugend mehr an den Sozialismus zu binden.

Schon 1971 wurden Beschwerden wie „modische Knüller werden fast völlig vermisst: wenn wirklich welche da sind, sind sie zu schnell vergriffen“, und die Befürchtung, dass die „Geschmacksbildung junger Leute allein den Schneidern überlassen wird“[54] bei der Vorbereitung des IX. Parlamentes der FDJ als Probleme thematisiert. Die Jugendmode solle attraktiver und das Angebot größer werden, die Jugendmodezentren sollen, so die FDJ, „zum politischen und kulturellen Anziehungspunkt für junge Leute“ werden. Weiter verkündete Erich Honecker im Jahre 1972, dass die „jungen Menschen nicht so sehr nach Äußerlichkeiten, sondern in

[54] Jugendmode – Jugendsache, in: „Junge Welt“ vom 7.05.1971, S. 16.

Bundesarchiv, Bild 183-L0902-0115, Ulrich Häßler

Zu diesem Bild schrieb ADN: „Leipzig: Herbstmesse 1972 – Von einem Jugendkollektiv des VEB Berliner Damenmoden wurden diese drei jugendlichen Kleider entworfen. Diese zur Herbstmesse vorgestellten Modelle aus Dederon sind die Modeempfehlung für die Zeit der X. Weltfestspiele der Jugend und Studenten 1973 in Berlin."

erster Linie nach ihrer politischen Grundhaltung und ihren Leistungen"[55] beurteilt werden sollten. Kurz danach wurde in den DDR-Geschäften kurzfristig die originale westliche Jeanshose angeboten.

Die neue politische Richtung der Modernisierung und des Fortschritts der DDR sollte insbesondere während der Weltfestspiele der Jugend und Studenten 1973 international demonstriert werden. Dies sollte nicht nur durch die Einladung zahlreicher westlicher Rock-Musiker sowie Reisemöglichkeiten (jedoch nur in die sozialistischen Länder), sondern auch durch ein größeres und vor allem liberalisiertes Angebot der Jugendmode erfolgen.

In den Geschäften tauchten nicht nur mehr Angebote auf, sondern es wurde erlaubt, viele neue Modelle, Stoffe und Kombinationen zu produzieren, die bis dahin als dekadent abgelehnt worden waren. Zunächst verpönte Zusammenstellungen wie ein langer Pullover zu einer kurzen Jacke oder lange Ärmel unter kurzen Ärmeln durften die Modedesigner des „Modeinstituts der DDR" in den beauftragten Kollektionen nun verwenden. Die Modernität sollte für den Zuschauer auch in der Festivalkleidung sichtbar werden. Zwar durfte auf das Blauhemd während der Weltfestspiele nicht verzichtet werden, dennoch beauftragte das Organisationskomitee des Zentralrats der FDJ das Modeinstitut, die Festivalkleidung auf der traditionellen FDJ-Bekleidung aufzubauen und mit weiteren jugendmodischen Sortimenten abzustimmen, die den aktuellen Modetendenzen entsprachen. Darüber hinaus wurde das Blauhemd u.a. mit einer blauen Cottino-Hose komplettiert, die einer Jeans-Hose ähnelte, wobei diese Kombination bald unter den FDJlern gewöhnliche Praxis werden sollte, auch nach Ende der Weltfestspiele. Die Jeans wurde ab jetzt auch ein fester Bestand jeder Modekollektion im Modeinstitut.

55 Erich Honecker, Die Jugend der Deutschen Demokratischen Republik und die Aufgaben unserer Zeit. Rede auf der Zentralen Funktionärskonferenz der Freien Deutschen Jugend, 20. Oktober 1972, in: Erich Honecker, Zur Jugendpolitik der SED. Reden und Aufsätze von 1945 bis zur Gegenwart, Band 1, Berlin 1977, S. 417.

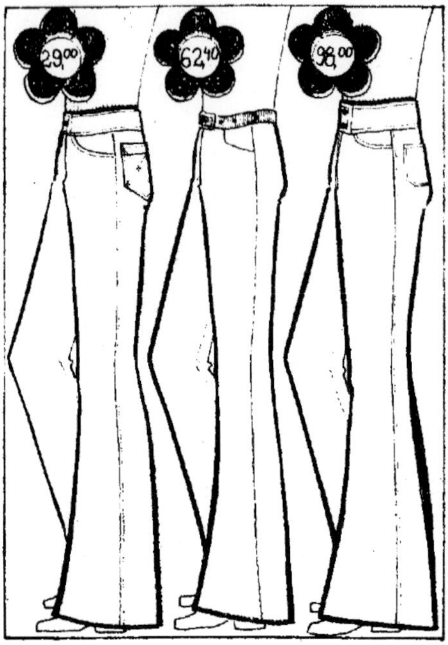

Junge Welt, 15.06.1973

Beeinflusst von der Generation Woodstock und durch die Erlaubnis der Machthaber, Open-Air-Konzerte und zahlreiche Jugendtreffen auf Plätzen und Straßen während der Weltfestspiele zu veranstalten, kam es in der DDR auch zu einer wesentlichen Veränderung der gesellschaftlichen Sicht auf die Gestaltung jugendlicher Freizeit.

Diese gewann stark an Bedeutung und wurde u.a. zum Merkmal der visuellen Gestaltung von Werbung für die Jugendkollektionen des Modeinstituts. Diese zeigte seitdem die jugendlichen Modelle nicht mehr im Studio fotografiert wie noch in den Sechzigerjahren, sondern meist während einer Party oder in einer Gruppe auf der Straße mit jugendtypischen Requisiten und zugleich Konsumprodukten wie etwa Gitarren, Kofferradios, Schallplatten, Fahrrädern usw. Auf diese Weise wurde der jugendlichen Freizeit eine wesentliche Bedeutung zugeschrieben. Zugleich wurde die Jugend als neue Konsumentengruppe eines breit angelegten Warenangebots in der DDR entdeckt.

Süddeutsche Zeitung, Bild-ID: 00621570, Klaus Morgenstern

Ost-Berlin 1972.

Das von der Volkskammer der DDR im Jahr 1974 verabschiedete Jugendgesetz setzte die von Honecker begonnene Konsumpolitik in Hinblick auf die Jugendmode fort: Die staatlichen und wirtschaftsleitenden Organe waren für die Entwicklung, die Herstellung und das Angebot solcher Konsumgüter verantwortlich, die dem spezifischen Bedarf der Jugend entsprechen sollten. Auch die Anzahl der Verkaufsstellen mit einem spezifischen Angebot für die Jugend sollte erweitert werden. Daraufhin begann 1974 in den Lößnitzer Bekleidungswerken die Jeansproduktion. Seit 1973 tauchten im Sortiment Jacken auf, die Parkas ähnelten.

Die ersten fünf Jeansmodelle waren hauteng, mit oder ohne Aufschlag, Steppnähten sowie breiten Reißverschlüssen und fast alle mit Nieten versehen. Die Jacken des Jeansanzuges waren meist hauteng sowie als Bundjacken oder etwas längere, mit vielen aufgesetzten Taschen gedacht. In

Junge Welt, 8.11.1974.

Sibylle, 1975/2

Sibylle, 1975/2

den nächsten Jahren entstanden weitere Jeansmarken in den staatlichen Betrieben wie „Goldfuchs“, „Wisent“ und „Boxer“, die sich laut offizieller Angaben am Muster der originalen Levis-Hose orientierten. Jeans, Parkas und T-Shirts, die die staatlichen Betriebe produzierten, sollten dem jugendlichen Bedürfnis nach einer Freizeit-Mode entgegenkommen.

Trotzdem blieb die Mode weiterhin politisch: Die ersten Lößnitzer Jeansmodelle zeichneten sich durch Knöpfe mit der Einprägung „Lößnitz 25“ aus, die daran erinnern sollten, dass diese Modelle anlässlich des 25. Jahrestages der DDR produziert worden waren.

Auch wurde das Mode-Phänomen der westlichen Ländern weiterhin als Modediktat der auf Profit gerichteten Modebranche angesehen. Noch 1978 wurde im „Kulturpolitischen Wörterbuch“ „Mode“ als ein in den westlichen Ländern „perfekt manipulierter Massenkonsum“ bezeichnet, der trotz der scheinbaren Demokratisierung nur die Lebensweise der herrschenden Klasse propagiere. Die Hinwendung zu westlichen Modemustern sollte ausschließlich beweisen, dass die DDR sich der Welt gegenüber öffnete:

„Das Modeschaffen der DDR unterwirft sich nicht der Modediktatur des Imperialismus, jedoch können imperialistische Modetendenzen nicht ignoriert werden. Durch die Kenntnis internationaler Tendenzen und ihrer kritischen Auseinandersetzung wird die modische Gestaltung von Bekleidungserzeugnissen auf der Basis unserer eigenen Kultur und der technisch-ökonomischen Voraussetzungen bereichert.“[56]

Verschiedene Ereignisse und Entwicklungen, die „von oben“ gezielt angeordnet wurden, erschienen daher vordergründig als eine Lockerung in der Jugendpolitik. Dazu zählen die „Weltfestspiele der Jugend und Studenten“, die neue Haltung gegenüber der Jugendmode, die mit der im Jahre 1974 begonnenen DDR-Jeansproduktion ihren Höhepunkt erreichte, sowie neue Freizeitangebote, z.B. zahlreiche neu eröffnete Diskotheken und Jugendclubs oder die Entstehung der DDR-Rockszene. In der Realität skizzierten diese Phänomene jedoch nicht mehr ganz so eng gesteckte Grenzen des Tolerablen.

Die Öffnung gegenüber den osteuropäischen Ländern, die der Erweiterung des kulturellen Horizontes dienen sollte, und der Empfang westdeutscher TV- und Radiosender,

[56] Wie Anm. 34.

Süddeutsche Zeitung, Bild-ID 02285579, Manfred Uhlenhu

Ost-Berlin 1978, Alexanderplatz.

der jetzt weitgehend geduldet wurde, sollten eine effektive Mitbestimmung der Jugend versprechen. Wenngleich jetzt westliche Musik gespielt werden durfte, mussten dennoch 60 Prozent der gespielten Musik aus sozialistischen Ländern kommen. Eine Auftrittsgenehmigung war nur dann zu erhalten, wenn die musikalischen und textlichen Aspekte den ideologischen Vorstellungen des Regimes entsprachen. Auftritte westlicher Gruppen gab es kaum und die geringe Auflage ihrer Platten entsprach in keiner Weise der Nachfrage.

Somit ging es in der Zeit Honeckers nur um eine scheinbare Toleranz gegenüber der jugendlichen Vorlieben im Bereich der Musik und der Mode, die nur eine perfekte politische Inszenierung war. Die Toleranz Honeckers betraf nämlich nur Produkte, die zwar westlich orientiert oder stilisiert waren, aber ausschließlich aus eigener Produktion stammten. In diesem Sinne lässt sich der Kultfilm der Siebzigerjahre „Die Legende von Paul und Paula" (Heiner Carow, 1973) interpretieren. Dort gibt es folgende Szene: Paula (Angelica Domröse), Kassiererin in einem Lebensmittelladen, geht am Abend mit ihren Freundinnen zu einer Party im Park. An einem Karussell arbeitet ein Junge. Er trägt Jeans, ein kariertes Hemd und eine Lederweste. Er hat eine Afro-Frisur, die dank Jimi Hendrix und auch seit dem Besuch der amerikanischen

©DEFA-Stiftung/Manfred Damm, Herbert Kroiss

Szene aus Die Legende von Paul und Paula, Regie Heiner Carow, 1973.

Bürgerrechtlerin Angela Davis 1972 in der DDR populär war. Offensichtlich ist der Junge im Film ein „Hippie“. Dennoch arbeitet er in einem sozialistischen Betrieb. Er gefällt Paula, die ins Karussell einsteigt. Durch das Drehen im Rhythmus der etwas hypnotisierenden Musik der Band The Puhdys wird ihr schwindelig. Dem folgt eine Affäre mit dem Jungen und sie wird schwanger. Im Film gibt es also Musik im Stile Woodstocks, obwohl sie von einer einheimischen Gruppe gespielt wird; es gibt ein Schwindelgefühl, verursacht allerdings nicht durch Rauschmittel, sondern durch die Kreisbewegung des Karussells; es gibt auch einen Hippie, der aber ordentlich arbeitet; und schließlich gibt es auch Liebe und viele Blumen, aber alles im Rahmen einer sozialistischen Ordnung.

Betrachtet man Mode als Teil des Konsums, scheint diese im zentralgesteuerten System des „real existierenden Sozialismus“ den Modenprinzipien grundsätzlich zu widersprechen. Die Modeforscherin Ingrid Loschek schrieb über die internationale Modeentwicklung im Zusammenhang mit der Modebranche, dass das Angebot nicht ans Ziel käme, wenn es nicht mit den Wünschen, die auch im irrationalen Bereich liegen können, konform gehe.[57] Dennoch produzierten die Kleidungsbetriebe in den sozialistischen Ländern trotz durchgeführter Marktforschungsanalysen an den Käuferwünschen vorbei. Zum Teil lag die Ursache in der Leichtindustrie, die durch den begrenzten Import und auch durch mangelnde Kooperationsfähigkeit zwischen den Betrieben unter ständigen Produktionsschwierigkeiten litt. Weit verbreitet war ein fehlendes Verständnis für Mode, die den Mitgliedern in den Entscheidungsapparaten irrational oder „verrückt“ schien, und deren Produktion entsprechend abgelehnt wurde. Anschließend lieferte der Handel, der sich durchaus als wenig flexibel gegenüber dem Modephänomenen erwies, an den Käuferwünschen vorbei. Aus dieser Situation heraus entstand der sogenannte Ladenhüter, der zum alltäglichen Bild im Bereich des Konsums, auch der Mode, in der DDR gehörte.

---

57 Loschek (1991), S. 274.

Ab Mitte der Siebzigerjahre verschlechterte sich die Versorgungsituation noch durch die steigende negative Handelsbilanz und die große Auslandsverschuldung. Besondere Belastungen für die Wirtschaft ergaben sich durch den Anstieg der Rohstoff- und Erdölpreise wie auch aus den weltwirtschaftlichen Krisenerscheinungen, die den Produkten aus beiden deutschen Ländern den Zugang zum Weltmarkt verwehrten. In diesem Kontext sahen die Jugendlichen in der DDR ihre Wünsche in den staatlichen Kollektionen kaum noch realisiert. In besonderer Weise betraf dies die Jeans, das meist getragene Modestück in diesem Jahrzehnt, die wegen ihrer Farbe, dem Stoff und fehlenden Details kritisiert wurden. Bei den DDR-Jugendlichen, die die Jeans bisher nur

Süddeutsche Zeitung, Bild-ID 01120976, Klaus Morgenstern

Ost-Berlin 1975.

als „Originale aus dem Westen“ kannten, wurde die aus staatlicher Produktion angebotene Hose als „billige Kopie der echten Jeansbekleidung“[58] angesehen.

Besonders bei Jugendlichen aus alternativen Gruppen, die dem Regime gegenüber am kritischsten waren, stieß die staatliche Mode auf Abneigung.

DDR-Jeans und -Parkas waren, ihrer Meinung nach, nicht authentisch. Diese Sichtweise festigte sich in der DDR seit der Veröffentlichung des Theaterstückes „Die neuen Leiden des jungen W.“ von Ulrich Plenzdorf im Jahr 1972 besonders tief. Das Werk wurde zum Manifest junger Menschen, die die Jeans nicht als Kleidungsstück, sondern als Lebensphilosophie betrachteten: „Jeans sind keine Hose, sondern eine Einstellung“ – betont der Protagonist Edgar Wibeau in seinem langen Monolog. Dabei ging es nicht um irgendeine Jeans, sondern um die „echte“:

„Natürlich Jeans! Oder kann sich einer ein Leben ohne Jeans vorstellen? Jeans sind die edelsten Hosen der Welt. Dafür verzichte ich doch auf die ganzen synthetischen Lappen aus der Jumo, die ewig tiffig aussehen. Für Jeans könnte ich überhaupt auf alles verzichten, außer der schönsten Sache vielleicht. Und außer Musik. Ich meine jetzt nicht irgendeinen Händelsohn Bacholdy, sondern echte Musik, Leute. Ich hatte nichts gegen Bacholdy oder einen, aber sie rissen mich nicht vom Hocker. Ich meine natürlich Jeans. Es gibt ja auch einen Haufen Plunder, der bloß so tut wie echte Jeans. Dafür lieber gar keine Hosen. Echte Jeans dürfen zum Beispiel keinen Reißverschluss haben vorn. Es gibt ja überhaupt nur eine Sorte echte Jeans. Wer echter Jeansträger ist, weiß, welche ich meine. Was nicht heißt, dass jeder, der echte Jeans trägt, auch echter Jeansträger ist.“

Die schlechte Situation im Bereich der Jugendmode und die stets steigende Unzufriedenheit unter den Jugendlichen

[58] Institut für Marktforschung, Spezifik des Bedarfs der jugendlichen Bevölkerung und Schlussfolgerungen für die Gestaltung des Warenangebotes bei Textilien/Bekleidung. Teilstudie 1. (Ergänzungsmaterial), Leipzig 1977, in: Stiftung Stadtmuseum Berlin, Modesammlung SM 23-85.

Hans-Helmut Kurz, Quelle: Robert-Havemann-Gesellschaft

Wanderung in den Jenaer Bergen im März 1976 (ganz rechts Matthias Domaschk).

führte schließlich dazu, dass das Ministerium für Leichtindustrie 1977 im „Beschluss des Ministerrates über die weitere Entwicklung der Produktion und der Versorgung mit Bekleidungserzeugnissen der Jugendmode“ verfügte, dass „die Erhöhung der Produktion, der Qualität und modischen Attraktivität der Jugendmode-Erzeugnisse in die Pläne einzuordnen und ihre Realisierung unter Kontrolle zu nehmen“ waren.[59] Auf Grundlage des Beschlusses sollten alle bisherigen Probleme in der Jugendmode gelöst werden. Dementsprechend wurde es als notwendig erachtet, das Angebot der Jugendmode zu verbessern sowie spezielle Textilien für die Jugendbekleidung, insbesondere das Jeansgewebe, zu entwickeln. Demzufolge investierte die DDR bereits 1977 fast 6,1 Millionen Valutamark in die Modernisierung der Jeansherstellung durch den Einkauf hochwertiger Webauto-

[59] Ministerium für Leichtindustrie, Maßnahmen zur bedarfsgerechten Bereitstellung von Bekleidungserzeugnissen für die Jugendmode (Verfügung 45/77), Berlin 1977, in: Stiftung Stadtmuseum Berlin, Modesammlung SM 23-82.

maten und Veredelungs- sowie Trocknungsanlagen aus dem westlichen Ausland. Zudem wurden die ersten Jeans-Farbanlagen in die DDR importiert. Dem Beschluss des Ministerrats zufolge, sollten ab dem Jahr 1980 alle Jugendlichen mit Jugendmode „versorgt“ werden.

Viele junge Leute meinten, dass das Tragen der DDR-Kleidung entweder Treue dem Sozialismus gegenüber bedeute oder ein Hinweis auf fehlende Familienbeziehungen im Westen war. An westliche Kleidung gelangte der „DDR-Bürger“ durch die Geschenkdienst-GmbH „Genex“, die zwar schon 1957 von der DDR-Regierung gegründet worden war; allerdings konnten erst seit 1974 auch private Personen via Genex Geschenke in die DDR verschicken.

„Genex“: Die offizielle Aufgabe des Dienstes war die „Vermittlung von Aufträgen aus Staaten des westlichen Auslandes oder aus West-Berlin für zollfreie Geschenksendungen an Empfänger in der DDR“[60], obwohl sich dadurch vor allem die Beschaffung von zusätzlichen Devisen für den Staat erschloss, denn die Waren und Dienstleistungen mussten vom westlichen Auftraggeber in „konvertiblen Westwährungen“ (DM, Britisches Pfund, US-Dollar, Französischer Franc) beglichen werden. Den Beschenkten entstanden keine Kosten.

Dabei funktionierte „Genex“ wie ein Versandhandel, bei dem Produkte aus „volkseigener Produktion“, RWG- und aus westlichen Ländern angeboten wurden. Der Kunde wählte Produkte aus einem Katalog (z.B. auch westliche Kleidung, Jeans oder jugendspezifische Produkte), bezahlte für diese in Devisen und das Geschenk landete in der DDR bei dem Adressaten.

Noch beliebter waren die Devisenläden „Intershop“.

60 Stichwort: Genex, in: Bundesministerium für Innerdeutsche Beziehungen (Hg.), DDR-Handbuch, Band 1, Frankfurt/Main 1985, S. 511-512.

Die „Intershops“ waren zunächst als Dienstleistung für die Touristen aus dem westlichen Ausland gedacht. Schon 1955 wurden die ersten Läden für Matrosen und Schiffsreisende in Rostock und Weimar eingerichtet. Bis 1974 war es jedoch den DDR-Bürgern nicht gestattet, Waren im Intershop zu kaufen. Insofern fanden sich die Läden nur an den Grenzübergangsstellen, Flughäfen, Überseehäfen und in den Interhotels. Abgesehen von einer kleinen Gruppe von DDR-Bürgern, die eine Einkaufserlaubnis für die Intershops besaß, galt der Intershop für den Großteil der Bevölkerung als ein „Schaufenster des Westens“. Zu kaufen waren dort Importwaren aus den sozialistischen und kapitalistischen Ländern sowie die DDR-Waren, die z.B. für den Export vorgesehen waren. Das Verbot des Devisenbesitzes wurde erst 1974 mit der Einführung der „kleinen Devisenfreiheit“ aufgehoben.

Von den Intershop-Produkten versprach man sich eine gute Qualität und zudem die ansonsten vermisste Originalität. Rebecca Menzel schrieb in ihrem Buch „Jeans in der DDR“, dass in den Intershops jährlich rund 1,2 Millionen Jeanstextilien, davon 90 Prozent Hosen, gekauft wurden, was einem Verkaufswert von 40 Millionen Valutamark entsprach.[61] Weiterhin schreibt sie, dass eine Levis-Jeans aus dem Intershop etwa 55 DM kostete, was bei einem inoffiziellen Umtauschkurs von etwa 1:5 – 275 DDR-Mark entsprach. Die Tatsache, dass im Intershop besonders attraktive Waren für Westgeld gekauft werden konnten, verdeutlicht den Konflikt zwischen ideologischen Idealen und ökonomischen Zwängen, sodass die propagierte Gleichheit durch eine Spaltung der DDR-Bürger nach Westgeldbesitz aufgehoben wurde.

Diese Situation war auch den Machthabern bewusst und Erich Honecker betonte 1977 in dieser Hinsicht, dass die Intershops keinesfalls zum festen Bestand der sozialistischen Gesellschaft werden sollten:

---

[61] Menzel (2004), S. 118.

„Wir können aber nicht an der Tatsache vorbeigehen, dass besonders der große Besucherstrom viel mehr Devisen unter die Leute bringt, als das früher der Fall war. Natürlich übersehen wir nicht, dass nun Bürger der DDR, die keine Devisen besitzen, im gewissen Sinne im Nachteil gegenüber denen sind, die über solche Währung verfügen."[62]

Die DDR brauchte so dringend Devisen, dass sie nicht auf Genex und Intershop verzichten konnte. Dennoch lag das Anliegen der SED-Führung vor allem darin, die DDR-Bürger dazu zu ermuntern, ihre Ersparnisse im Lande auszugeben. Nun konnten die Devisenbesitzer dies in den Intershops machen, während diejeningen, die nur über die einheimischen Gelder verfügten, aufgrund des wenig attraktiven Angebots keine Möglichkeiten hatten, dieses Geld auszugeben. Dieses Problem sollte die Handelskette „Exquisit" lösen. Exquisit-Läden, in denen hochwertige Textilien als Importwaren oder Waren aus Importmaterialien verkauft wurden, existierten schon seit 1962. Sie wurden seit Beginn der Siebzigerjahre ausgebaut und boten vor allem auch hochwertige DDR-Produkte an. Da für die Exquisit-Kollektionen hauptsächlich Importstoffe verwendet wurden, die mit technologisch fortschrittlichen Importmaschinen gefertigt und als Luxusmode verkauft wurden, waren sie allerdings für die Jugendlichen zu teuer. Ein Jugendmodegeschäft war Exquisit sicherlich nicht. Man konnte hier höchstens einmalig eine Jugendweihe-Kreation kaufen, was für eine durchschnittliche DDR-Familie eine spürbare finanzielle Belastung war.

[62] Die sozialistische Revolution in der DDR und ihre Perspektiven, in: „Neues Deutschland" vom 27.09.1977, S. 4.

ullstein bild 00618983

Ost-Berlin 1982.

ullstein bild 00044461

Jugendliche auf dem Weg zu einem Konzert in Ost-Berlin – 1984.

Modefreiheit und wirtschaftliche Engpässe in den Achtzigerjahren

In den Achtzigerjahren beobachteten die Soziologen, dass unter den Jugendlichen in der DDR die Bedeutung modischer Kleidung stark zunahm. Im Jahre 1985 gaben 20 Prozent der Jugendlichen an, dass die Mode eine enorme Bedeutung für sie habe. Für weitere 40 Prozent sei die modische Kleidung sehr wichtig und für 30 Prozent nur mittelmäßig wichtig.[63] Dabei wurde besonders die Jeans immer mehr zum wichtigsten und grundlegenden Bestandteil der jugendlichen Garderobe, sodass sie den Charakter einer Basiskleidung für alle Jugendlichen bekam. Die Jeanskleidung wurde jetzt unter den Jugendlichen in der Schule zum modischen „Muss", dessen Besitz oft die Akzeptanz in der Klasse sicherte. Zu Beginn der Achtzigerjahre führte die Redaktion der „Jungen Welt" eine Umfrage zum Thema „In die Schule nur mit Jeans?" durch. Mehr als 80 Prozent der Mädchen und Jungen gaben an, dass die Jeans das praktischste und modischste Kleidungsstück sei.[64] Eine junge Leserin schrieb daraufhin: „Bei uns ist es so, wer keine Jeans an hat, gehört einfach nicht dazu".[65]

Die Jeans war somit ein fester Bestandteil in jeder jugendlichen Garderobe. Wenn noch in den Siebzigerjahren viele junge Menschen nur davon träumten, mindestens eine Jeans zu haben, war gegen 1987 im Durchschnitt jeder Schüler im Besitz von zumindest zwei Jeanshosen.[66] Die Jeans, die über Jahrzehnte als Symbol der Individualisierung und des Protests gegen Uniformierung galten, wurden jetzt zu einer spezifischen Uniform der Jugend der Achtzigerjahre.

---

63 Zentralinstitut für Jugendforschung, Modespezifische Verhaltensweise von Jugendlichen in der DDR. Erste Auswertungsergebnisse der Studie Jugend und Mode 1985, Leipzig 1986, in: BArch DC 4/706.

64 Fast alle wollen Praktisches, aber ohne Eintönigkeit, In: „Junge Welt" vom 18.07.1980, S. 11.

65 Mich stört an den Jeans, dass jeder gleich aussieht, in: „Junge Welt" vom 20.06.1980, S. 11.

66 R. Menzel (2004), S. 141.

Im Hinblick auf die wachsende Bedeutung der Mode für die DDR-Jugend zeigten sich die Jugendlichen gleichzeitig bereits zum Ende der Siebzigerjahre immer unzufriedener mit dem Angebot an modischer Bekleidung im Lande. Die Jugendkollektionen waren in ihren Augen nicht jugendlich genug. Zudem wuchs die Unzufriedenheit auch aufgrund der starken Politisierung des Modeverhaltens der jungen Leute seitens der SED-Führung. Die vom „Zentralinstitut für Jugendforschung" in Leipzig im Auftrag des „Modeinstitutes der DDR" durchgeführte Umfrage zum Thema „Jugend und Mode" (1979) zeigte, dass „Mode für Jugendliche ein hochaktuelles und bedeutsames Thema ist", aber auch, dass „die Länge der Haare und die Enge der Hosen noch keine Indikatoren für politische Haltung und gesellschaftliches Engagement sind".[67] Die Mode wurde von den Jugendlichen in der Mehrheit als ideologiefrei betrachtet; viele sahen keine Zusammenhänge zwischen Mode und Politik und nur ein kleiner Teil nutzte Kleidung, um politische Einstellungen zu demonstrieren.

In Konsequenz forderten die Fachkreise im Bereich der Modegestaltung immer stärker Reformen. Sie wollten die Verbesserung des jugendmodischen Angebots sowie die Möglichkeit der komplexen Information über neue Modetrends, Stile und Kollektionen. Die DDR-Machthaber antworteten positiv auf diese Forderungen. Die Annäherung an die Bundesrepublik und die Grenzöffnung für den Warenverkehr zwischen den beiden Ländern boten Möglichkeiten neuer Aufträge und wirtschaftlicher Zusammenarbeit. In Hinblick auf diese wirtschaftlichen Zukunftspläne wurde auch auf den bisherigen antiwestlichen Diskurs im Bereich der Mode weitgehend verzichtet.

Noch im Jahre 1979 wurde demnach im „Modeinstitut der DDR" ein selbstständiges Atelier für Jugendmode gegründet, in dem Mode gezielt für Mädchen und Jungen entstehen sollte (bis zu diesem Zeitpunkt wurde Mädchenmode im Atelier

---

[67] Zentralinstitut für Jugendforschung, Jugend und Mode, Forschungsbericht über das Verhältnis Jugendlicher zur Mode sowie über Bedingungen und Ausprägung modebezogener Verhaltensweisen, Leipzig 1979, in: Stiftung Stadtmuseum Berlin, Modesammlung SM 25-25.

für Damenoberbekleidung und Juniorenmode in dem für Herrenoberbekleidung entworfen). Die Entstehung eines gezielt auf die Jugendmode orientierten Ateliers, in dem fachlich ausgebildete junge Modedesigner tätig waren, brachte mehr Kompetenz in die Arbeit, die sich jetzt ausschließlich auf die komplexe Modegestaltung für Jugendliche konzentrieren konnte. Gleichzeitig konnten die entwickelten Modekollektionen mehr Publikum erreichen, indem außer der Presse auch noch das Fernsehen in die Öffentlichkeitsarbeit einbezogen wurde. Das Institut produzierte zu jeder Saison Modefilme über die aktuellen Trends in den Jugendmodekollektionen, die u.a. auch im Fernsehen bzw. im Kino als Vorschau liefen.

Zur dieser Zeit veränderte sich auch die Haltung zur Modegestaltung. Das Institut verkündete jetzt ausdrücklich, dass Mode einen neuen Wert bekomme: Kreativität und Individualität wurden zu Hauptbegriffen, die Entscheidung beim Thema Mode gehörte also dem Einzelnen. Vielseitige Anregungen sollten aus der Umwelt ganz persönlich nach individuellem Geschmack ausgewählt und verarbeitet werden. Überraschend wirkt die große Rolle des Einzelnen bei der Auswahl, da gerade Individualismus ein unerwünschtes Phänomen in der kollektiven Gesellschaft war. Neue Ausdrucksformen, die aus unterschiedlichen Jugendszenen stammten und zunächst als Antimoden begriffen wurden, beeinflussten immer mehr die offizielle Mode und bewirkten dadurch eine immer größere Offenheit.

Zu dieser Zeit veränderte sich auch die Einstellung zu den zuvor definitiv abgelehnten Grau- und Schwarztönen, die in der Jugendmodegestaltung bis dahin praktisch nicht existierten.

Auch die verpönte „Lässigkeit“ gewann an Bedeutung. Hauptsächlich in der zweiten Hälfte der Achtzigerjahre wurden Adjektive wie „lässig“ und „frech“ unbestreitbar zu den meist verwendeten Wörtern im Bereich der Jugendmode. Die Kurzfilme des „Modeinstitutes der DDR“, die die aktuellen Modetrends in der Jugendmode präsentierten, warben nicht nur durch eine jugendtypische Gestaltung der Szenen, sondern vor allem mit Sprüchen, die durch eine Konnotation zur

Vorschlag für Jugendmodekollektion des Modeinstituts der DDR. Fachdokumentation „Mode '88", Herbst-Winter 1988.

Jugendkultur bislang ungenutzt blieben, wie: „Jugendszene typisch", „selbstverständlich lässig und leger", „jung und sexy". Im „Jugendlexikon: Kleidung und Mode", das in der DDR in den Achtzigerjahren erschien, wurde die Jugendkleidung nicht nur durch Jeans, T-Shirt und Parka als „bewährte Teile", sondern vielmehr noch durch „extrem schnell wechselndes Kleidungsverhalten", durch „phantasievolle Experimente" sowie durch „Variables" und „Lässiges" charakterisiert.[68] Zum Ende der DDR wurde auch zum ersten Mal zugegeben, dass auch in der DDR Elemente der Anti-Mode als Ausdruck der Internationalität der Modeentwicklung, nicht aber im ursprünglichen (Protest-) Sinn aufgegriffen worden waren.

Dennoch war die Politik der SED gegenüber Jugend, Mode und Musik auch weiterhin von Widersprüchlichkeit geprägt, denn obwohl die Ästhetik der einzelnen Jugendgruppen die

---

[68] Eva Kosak u.a., Jugendlexikon – Kleidung und Mode, Leipzig 1988, S. 85-86.

Friedhelm Hoffmann/Stadtmuseum Berlin

Jugendmodekollektion des Modeinstituts der DDR, 1984.

Modekollektionen des „Modeinstituts der DDR, 1984“ immer stärker beeinflusste und sogar offiziell hervorgehoben wurde, änderte sich dennoch nichts an der Haltung des Staates zu den Jugendszenen selbst. In den Achtzigerjahren nahm die Zahl jugendlicher Szenen schnell zu. Durch eigene Kleidung, Frisuren und Accessoire prägten Jugendliche das Bild der gro-

ullstein bild 00618986

1982 Punks vor vor dem Lenin-Denkmal auf dem Lenin-Platz in Ost-Berlin.

ßen Städte, in Berlin und in Städten Thüringens und Sachsens. Mode barg, neben den allgemeinen altersspezifischen Besonderheiten, auch ein gewisses Protestpotenzial. Genug Unzufriedenheit und Hoffnungslosigkeit ergaben sich aus den vom Staat verbreiteten Parolen, die nie realisiert wurden. Zuletzt wurde die Ablehnung der russischen „Perestroika"-Reformen durch Honecker zum Höhepunkt der Unzufriedenheit der Jugend, die immer gleichgültiger gegenüber staatlichen Entscheidungen reagierte. Auf die verschärfte Diskrepanz zwischen der sozialistischen Propaganda und den realen Erlebnissen im Alltag reagierten die DDR-Jugendlichen mit verschiedenen Formen des gesellschaftlichen „Aussteigens": durch politische Apathie und einem rasanten Abbau „sozialistischer" Werte, durch Alkoholismus, Ausreise in die Bundesrepublik, Null-Bock-Verhalten bis hin zum Rechtsextremismus.

Die Jugendlichen, die sich in den subkulturellen Milieus organisierten, wurden staatlicherseits nicht akzeptiert und waren, wie im Fall der immer zahlreicher werdenden DDR-Punker, ständigen Verfolgungen und Schikanen ausgesetzt.

Die Staatsführung konnte mit Rücksicht auf das internationale Ansehen der DDR und ihre außenpolitische Reputation zwar solche „Staatsfeinde" nicht mehr mit offenem Terror bekämpfen, sondern griff zu subtileren Methoden der Unterdrückung. So geschah es auch mit den Punks, vorwiegend im Berliner Raum, deren Treffpunkte wie Gaststätten und Klubs geschlossen wurden oder in denen Mitgliedern der Subkultur Hausverbot erteilt wurde. Leerstehende, da unvermietbare Quartiere, die als Punk-Wohnungen dienten, wurden von der Polizei besetzt, durchsucht und zerstört. Es kam auch zu Verurteilungen wegen Verweigerung einer geregelten Arbeit oder politisch negativer Äußerungen.

Dennoch inspirierte gerade die Straßenmode die Modekollektionen des Modeinstitutes der DDR am meisten, was ästhetisch den internationalen Entwicklungen entsprach. In den Anleitungskollektionen gewannen Experimente an Bedeutung: Klassik verband man mit experimentellen Elementen, Feminines mit Maskulinem, das Sportliche mit dem Romantischen. Unbegrenzt galten alle Längen und modisch

Friedhelm Hoffmann/Stadtmuseum Berlin

Jugendmodekollektion des Modeinstituts der DDR, 1987.

Friedhelm Hoffmann/Stadtmuseum Berlin

Jugendmodekollektion des Modeinstituts der DDR, 1986.

wurden Farbkontraste, Material- und Längenkontraste und Stilkontraste.

Die klassische Richtung war zwar immer noch präsent, aber veränderte sich wesentlich in Form, Verarbeitung und Trageweise. Beispielsweise wurden in der Kollektion des

Modeinstitutes für Herbst/Winter 1987 klassische, kombinierfähige Einzelteile übereinander getragen und untereinander ausgetauscht. Das Ungewöhnliche ergänzten intensive Farbkonstellationen: Rot/Schwarz, Gelb/Schwarz, Grün/ Schwarz. Vor allem das Ausspielen von Kontrasten, sowohl bei den Farben, als auch beim Dessin sollte Gegensätzliches schlichten oder wirkungsvoll hervorheben. Durch die vielen Einzelteile, die übereinander getragen wurden, vermischten sich verschiedene Materialen, Muster und Sortimente miteinander: glatte oder derbe zu weichen oder glänzenden bzw. rustikale Materialien in Verbindung mit elastischen Stoffen. Leichte Trenchcoats wurden mit warmen Steppmänteln kombiniert. Über Overalls wurden gesteppte Jacken getragen und mit Mänteln wintertypisch ergänzt.

Noch überraschender, unbekümmerter, witziger, origineller und experimenteller wirkten die Modelle der Kollektion Frühjahr/Sommer 1987. Die ganze Präsentation wurde als „Modespektakel“ bezeichnet, wo Anzugskombinationen aus steifer, konsistenter synthetischer Seide „mit frechen Punkten und kühnen Streifen“ präsentiert wurden. Die extrem schmalen Hosen wurden mit einer Jacke mit langem, glockigem Schößchen kombiniert, was absichtlich etwas zu weit wirkte. Das Thema „Tropik“ der Kollektion wurde von ethnischen Kleidungsformen Südasiens, vor allem Japans, inspiriert. Der Japan-Look charakterisierte sich durch einfache, großzügige Hemd- und Kimonoformen zum Binden und Wickeln. Dabei wurde auf aufwendige oder zu viele Details verzichtet. Schwarz als Farbe und weiches Leinen hielten alles zusammen – gewickelt und drapiert. Eine Hose, deren Weite am Knöchel durch Bänder zusammengehalten wurde, wurde mit einer Jacke mit vertieft eingesetzten, weiten Ärmeln kombiniert. Sie wurde nicht wie ein Kimono mit Gürtel gebunden, sondern ihre Vorderteile ließen sich durch längere Seitenschlitze zusammenknoten.

Durch die Kollektionen der Jugendmode warb das Modeinstitut für eine Vielfalt der Stile. Während in der ganzen Dekade T-Shirt, Parka und Jeans die Basiskleidung für die Jugendlichen blieben, sollte deren Ergänzung in einer Fülle von

Sibylle, 1988/6

„Mode aus Kuba“.

Möglichkeiten frei zu wählen sein. Kurz gesagt, in den Achtzigerjahren „durfte“ zum ersten Mal alles getragen werden.

Und dennoch, selbst wenn sich die Modedesigner im Modeinstitut darum bemühten, attraktive und jugendorientierte Modekollektionen zu entwickeln, die dem internationalen Trend entsprachen, erwies sich die Realisierung dieser Anleitungskollektionen als kaum möglich: Viele von diesen Jugendmode-Modellen wurden im Nachhinein als unverkäuflich oder aus materialtechnischen und technologischen Gründen als nicht produzierbar eingeschätzt. Der Modegestalter Heiner Szczesny beschrieb treffend die im Grunde widersprüchliche Situation von DDR-Design und DDR-Handel: „Sie zeigen andauernd die leckere Wurst und wenn sie zuschnappen wollen, ziehen sie die Wurst weg. Das ist pervers.“[69]

Somit spiegelte sich die ästhetische Innovation der Modedesigner im Handelsangebot nicht wider. Trotz der weitgehenden Entpolitisierung der Jugendmode war diese jedoch in den DDR-Jugendmodegeschäften, deren Zahl ständig wuchs (1980 gab es schon 213, 1984 – 348 und im Jahre 1988 – 404[70]) nicht zu bekommen. Die drastische Verschuldung der DDR im Westen, die 1981 bis auf 23 Milliarden Mark stieg, begründete die Beschaffung einer immer größeren Zahl von Devisen, sodass die Machthaber sich für die Erhöhung des Exports und die Minimalisierung des Imports entschieden. Ein großer Teil der staatlichen Produktion, darunter vor allem die stets gesuchte und gefragte Jeans, ging in den Westen. Der größte und älteste Produzent der DDR-Jeans, die Lößnitzer Betriebe, produzierten zum Beispiel im Jahre 1989 800.000 Jeanshosen, wovon 65 Prozent in den Export gingen.

Das staatliche Angebot an Jugendmode entsprach auch nicht der Nachfrage der Jugendlichen. Die Planwirtschaft konnte mit dem internationalen modischen Wandel nicht Schritt halten und den Binnenmarkt nicht entsprechend beliefern. Die Jugendmode im staatlichen Handel war nicht jugendtypisch genug und „frech“, sondern eher „konventi-

---

[69] Journal in 3. Live von der Internationalen Funkausstellung am 01.09.1989, Archiv RBB/Hörfunkarchiv 0905175.

[70] Wie Anm. 29, S. 8.

onell" und wurde „deshalb auch von vielen älteren Bürgern gekauft."[71] In der vom „Modeinstitut der DDR" durchgeführten Studie zur Jeansentwicklung wurde zugegeben, dass während sich auf den westlichen Jeansmärkten ständig Neuentwicklungen in Qualität, Formen und Detaillösungen zeigten, in den DDR-Jugendmodezentren nur die klassischen und „über Jahre hinaus nicht weiterentwickelten Denimhosen in schweren Gewichtsklassen und einer Mindestausrüstung an Detaillösungen"[72] verkauft wurden. Die internationalen Trends kamen stets verspätet in die DDR-Geschäfte. Zudem, wie die Zeitung „Junge Welt" im Frühling 1982 berichtete, konnte man im Frühling nur noch Bestände aus dem Winterhalbjahr (im Mai!) und dem vorherigen Sommer kaufen, während es in den Läden keine Modelle für die Saison Frühling/Sommer gab. Diese seien zwar zu erwarten, jedoch erst im Juli/August d.h. fast in der Herbstsaison.[73] Wintersachen im Sommer zu verkaufen und Sommerkleider im Winter finden zu können, schien kein Einzelfall zu sein, wie eine verzweifelte Frage einer DDR-Bürgerin zeigt: „Warum gibt es jetzt, wo es Sommer wird, keine Sommerpullover, Röcke, Kleider, Blusen, sondern nur Wintersachen?"[74]

Auch das Versprechen, die gesamte Jugend ab 1980 zu „versorgen", scheiterte. Selbst wenn in den Läden ein gutes und modisches Angebot erschien, „war [es] aufgrund der großen Nachfrage nur zeitweilig im Angebot sichtbar."[75] Zudem

---

71 Zentralrat der FDJ, Standpunkt zur Entwicklung, zur Produktion und zum Verkauf von Erzeugnissen der Jugendmode, Berlin 1987, in: Stiftung Stadtmuseum Berlin, Modesammlung SM 33-48.

72 Modeinstitut der DDR, Studie zur historischen und aktuellen Entwicklung auf dem internationalen und nationalen Sektor für Jeansbekleidung, 30.06.1987, in: Stiftung Stadtmuseum Berlin, Modesammlung SM 33-10.

73 Oft ist es zu spät, wenn es um Modernes geht, in: „Junge Welt" vom 21.05.1982, S. 11.

74 Durch Modeschöpfer bestraft, in: Ina Merkel (Hg.), „Wir sind doch nicht die Meckerecke der Nation!". Briefe an das Fernsehen der DDR, Berlin 2000, S. 206.

75 Amt für Jugendfragen, Information über eine Kontrolle des Amtes für Jugendfragen im Bezirk Potsdam zur Versorgung mit Erzeugnissen der Jugendmode, Berlin 1987, in: Stiftung Stadtmuseum Berlin, Modesammlung SM 33-41.

blieb das Größensystem überarbeitungsbedürftig. Bei neuen Sortimenten wie der Jeanshose war die Situation relativ gut, weil auch die Jeansbekleidungsproduktion noch nicht alt war. Bei den klassischen Hosen sah jedoch die Wirklichkeit erschreckend aus: Wenn beispielsweise die Größe 98 in der Hüfte gut saß, war die Hose zu kurz. Die 102 hatte zwar in der Länge ein paar Zentimeter mehr, aber in der Weite mehr als reichlich. Der Größenstandard, der kaum eine logische Erklärung hatte, war ein weit verbreitetes Problem, das der folgende Brief, der an das Fernsehen der DDR gerichtet wurde, zeigt:

„Der mit der Größe 48 bezeichnete Pullover hat die Breite einer Größe 54 und die Länge einer Größe 40. Wir wissen nicht, wie die Mitarbeiter von Mülana zu diesen seltsamen Abmessungen kommen, in Hoyerswerda leben jedenfalls keine so kleinen viereckigen Menschen."[76]

Die steigende Unzufriedenheit unter den Jugendlichen zwang die Organisation der FDJ, sich die Situation im Bereich der Jugendmode näher anzuschauen. Demnach wurde vom Zentralrat der FDJ ein „Standpunkt zur Entwicklung, zur Produktion und zum Verkauf von Erzeugnissen der Jugendmode"[77] im Jahre 1987 verfasst. Darin wurde darauf hingewiesen, dass die Produktion in den traditionell Jugendmode herstellenden Betrieben zugunsten anderer Waren zurückgefahren würde. Das Problem der Kooperation zwischen Industrie, Jugendmodeclubs und Handel wurde mehrmals als mangelhaft angesprochen. Weiter hieß es im „Standpunkt", dass die einzelnen guten Beispiele keine entscheidende Rolle zu haben schienen. Unzureichend blieben die modische Gestaltung, die fehlende Modekonzeption sowie eine exakte Bedarfsanalyse. Zu diesen Problemen komme noch eine unzureichende Technik wie z. B. fehlende Waschanlagen für die Produktion der vorgewaschenen Jeans oder die Entwicklung und Chemiefaserproduktion der jugendtypischen Materialien und Stoffe, die nicht den Wünschen jugendlicher Käufer entsprachen.

---

[76] Merkel (2000), S. 246.

[77] Wie Anm. 70

Weiterhin machten die Analysen deutlich, dass die Informationen über die Modetrends fast vollständig durch westdeutsche Zeitschriften und das Westfernsehen, das laut Umfragen 1984 beinahe alle Jugendlichen eingeschalteten, vermittelt wurden.[78] Zudem wurden 40 Prozent aller Jeanshosen, die die Jugendlichen in der DDR besaßen, im Ausland gekauft, 23 Prozent kamen durch „Westpakete“ oder wurden durch Familienmitglieder in die DDR gebracht. Nur 10 Prozent wurden in den Läden von Exquisit gekauft und 15 Prozent in den staatlichen Warenhäusern.[79] Die Tatsache, dass sich die Jugend in der DDR in erster Linie in den westdeutschen Läden einkleidete, entging auch nicht dem Westjournalisten Theo Sommer, der während seiner Reise durch die DDR 1986 angab: „die Jugend trägt Levi's, T-shirts mit westlichem Aufdruck, viel Weiss. Ein erheblicher Teil stammt aus dem westlichen Ausland – regulär importiert, von Verwandten mitgebracht oder im Intershop gegen – weiss-der-Herrgott-wie-ergatterte-Westmark.“[80]

Diese als Buchveröffentlichung 1986 erschienene Reportage rückte die DDR offensichtlich in ein schlechtes Licht. Für die FDJ-Organisation stellte sich diese Situation daher immer problematischer und politisch gesehen gefährlicher dar. Daher wurde 1987 vom Zentralrat der FDJ ein alarmierender Brief an das Zentralkomitee der SED geschrieben, in dem deutlich darauf hingewiesen wurde, dass sich unter nicht wenigen Jugendlichen Enttäuschung und die Auffassung breite mache, dass die DDR nicht in der Lage sei, das Problem der Jugendmode zu lösen.[81] Die Autorität der FDJ-Spitze, die sich „für Initiativen zur Entwicklung neuer Modelle, für die Leistungsentwicklung der Leichtindustrie durch Initiativen von

78 Dieter Wiedemann, Westprodukte aus Ostkanälen. Funktionen und Nutzung der Unterhaltungsmedien in der DDR, in: „Unsere Medien, unsere Republik“ 10/1993, S. 37.

79 Menzel (2004), S. 175.

80 Theo Sommer, Reise ins andere Deutschland, Reinbek 1986, S. 19.

81 Zentrales Parteiarchiv der SED, Zentralkomitee der SED, Brief geschrieben vom 1. Sekretär des Zentralrats der FDJ Eberhard Aurich an Sekretär des ZK der SED Genossen Egon Krenz, Berlin, den 11.11.1987, SAPMO-BArch DY30/2956.

Jugendbrigaden, Jugendobjekten und die MMM-Bewegung sowie für einen niveauvollen Handel eingesetzt hat", schien auch in der Organisation durch Unglaubwürdigkeit gefährdet zu sein.

Für eine schnelle Lösung des Problems plädierten auch Soziologen. Sie unterstrichen, dass die Unzufriedenheit unter den Jugendlichen aufgrund der ungleichen Teilung der Gesellschaft auf die, die Kontakte im Westen und somit Zugang zu Devisen hatten, und die, die sich nur auf den staatlichen Handel verlassen mussten, immer größer wurde. 1988 warnte das Leipziger Meinungsinstitut vor den Konsequenzen solcher Frustrationen:

„Bei den Bevölkerungskreisen, die nicht über derartige Kontakte verfügen (...), wird eine permanente Unzufriedenheit genährt, die durch den Augenschein im Straßenbild oder an der Arbeitsstelle ständig neu geschürt wird. Dieser politische Aspekt, der schon in der Schule beginnt, darf in seiner Bedeutung nicht unterschätzt werden".[82]

Im Jahre 1989 wurde demzufolge die Parteispitze der DDR darüber informiert, dass laut zahlreichen soziologischen Untersuchungen die DDR-Bevölkerung sich seit langem auf Waren aus dem nichtsozialistischen Währungsgebiet hin orientiere und diesen einen größeren moralischen und materiellen Wert als entsprechenden DDR-Produkten beimesse.[83] Somit musste die DDR-Parteispitze zur Kenntnis nehmen, dass die DDR-Mode, trotz der jahrzehntelangen Bemühungen der Obrigkeit, von der Gesellschaft und besonders von den Jugendlichen nicht angenommen wurde. Beim Thema Konsum, darunter auch inbesondere Mode, blieb der Hauptorientierungspunkt weiterhin das westliche Vorbild, das in erster Linie aus der Bundesrepublik in die DDR kam.

---

82 Institut Für Marktforschung, Analyse des Postpaket- und Päckchenverkehrs für das IV. Quartal 1988 und Einschätzung der Jahresgrößen für 1988, in: BArch DL 102 VA 248.

83 Annette Kaminsky, Wohlstand, Schönheit, Glück. Kleine Konsumgeschichte der DDR, München 2001, S. 156.

Die DDR-Mode vor und nach der Friedlichen Revolution 1989/90

Mode als „augenblicklicher Zeitgeschmack der Gesellschaft“ unterlag in der DDR schwierigen Umständen, zum einen durch die starke Politisierung der Modegestaltung, zum anderen, weil sowohl Kleidungsindustrie als auch Handel dem Zeitgeist nicht folgen konnten.

Politisch gesehen wurde in der DDR-Propaganda der Faschismus dem Imperialismus gleichgestellt. Dementsprechend richteten sich alle verbreiteten Feindbilder gegen das gesamte kapitalistische Ausland, besonders stark jedoch gegen die Bundesrepublik Deutschland. Staatschef Walter Ulbricht begann eine Konkurrenzpolitik, durch die er sich erhoffte, den Wettlauf mit der Bundesrepublik um das höhere soziale und wirtschaftliche Niveau gewinnen zu können. Somit hatte die DDR-Modeentwicklung den Ehrgeiz, von Anfang an eine eigene, sozialistische Mode zu schaffen, die sich nur in geringem Maße von den westlichen modischen Entwicklungen inspirieren ließ. Daher wurden alle jugendgemäßen Modeerscheinungen wie Jeans und Parkas, aber auch jegliche Neuigkeiten aus der Modewelt wie Mini- oder Maxi-Längen zunächst als „nicht der sozialistischen Lebensweise entsprechend“ völlig verpönt. Da sich jedoch die Jugendlichen in der DDR stark an den westlichen Modephänomenen orientierten und die Bundesrepublik in dieser Hinsicht erster Referenzstaat blieb, kam es zu ständigen Konflikten zwischen der Jugend und den sozialistischen Machthabern.

Nach dem Mauerbau sollte der Einfluss westlicher Kulturmuster und vor allem die Einfuhr westlicher Konsumgüter endgültig gestoppt werden. An ihre Stelle sollten Produkte treten, die aus eigener sozialistischer Produktion stammten. In diesem Kontext entwickelte sich eine eigene „sozialistische Jugendmode“ und es wurden die ersten Jugendmodezentren eröffnet. Nach dem Machtwechsel von Ulbricht zu Honecker erlebte die DDR eine neue konsumorientierte

Entwicklung in der Innenpolitik. Die Jugend wurde dabei als eine neue Konsumentengruppe entdeckt, für welche der Staat ein jugendorientiertes Warenangebot zur Verfügung zu stellen versuchte. Diese neue Politik Honeckers, die einige Erleichterungen für das Modeschaffen mit sich brachte, verzichtete dennoch nicht auf die starke Politisierung der Mode, indem jeder modischen Entwicklung eine politische Bedeutung zugeschrieben wurde. Obwohl die Politik der DDR in der Honecker-Zeit die bis dahin abgelehnten Modephänomene in die staatliche Produktion einführten, wurde dennoch das Tragen von original westlicher Kleidung von der Obrigkeit als Zeichen politischen Protests angesehen und deshalb bekämpft. Dies betraf in erster Linie Mitglieder der subkulturellen Milieus und Kleidungsstücke wie Jeans und Parka. In der DDR-Parteiführung versuchte man zwar, den modischen Vorlieben der Jugend entgegen zu kommen, erlaubte jedoch weiterhin keine individuell getroffene Auswahl, sondern unterwarf die Jugendmode politisch festgelegten Regeln.

Demnach lehnten die Heranwachsenden die DDR-Jugendmode meist ab und empfanden diese auch durch den wirtschaftlichen Kontext nie als so attraktiv wie jene aus dem Westen. Die Konfektionsanfertigung innerhalb der sozialistischen planwirtschaftlichen Produktion erstreckte sich über anderthalb bis zwei Jahre und widersprach somit dem Wesen der Mode, die sich durch die Kurzlebigkeit der einzelnen Modeausprägung sowie die Schnelligkeit des Modewandels auszeichnet. In der DDR versuchten die Ideologen von vornherein den Grundbegriffen der Mode zu widersprechen, indem sie die Kurzlebigkeit und den schnellen Wechsel der Mode als Folge einer profitorientierten Wirtschaft, die auf die Ausbeutung des Menschen aus sei, anprangerten. Noch in den Achtzigerjahren, nachdem Ideologie in der DDR-Modeschaffung kaum mehr eine Rolle spielte, funktionierten diese beiden Aspekte der Mode nicht. Die modischen Neuheiten kamen immer zu spät in die Läden und waren dann über Monate oder sogar Jahre im Angebot. Trotz zahlreicher Marktforschungsanalysen, die in den Siebziger- und Achtzigerjahren unter den Jugendlichen durchgeführt wurden, produzierten Kleidungsbetriebe zum Teil wegen des Ressourcenmangels, zum Teil aufgrund fehlenden Verständnisses für Mode, weil sie eben irrational schien, an den Käuferwünschen vorbei. Ebenso lieferte der Handel, der sich als wenig flexibel gegenüber den Modetrends erwies, an den Käuferwünschen vorbei.

Diese wirtschaftlichen Bedingungen führten dazu, dass die Kollektionen des Modeinstitutes nie vollständig realisiert werden konnten. Die künstlerisch ehrgeizigen Entwürfe wurden meist als für die sozialistische Produktion „nicht produzierbar“ oder „unverkäuflich“ eingestuft. Zudem verschwand die ursprüngliche Idee jedes Kleidungsstücks in den zahlreichen Produktionsstufen, in denen immer wieder Details verändert wurden. In dieser Hinsicht stellten keinesfalls die von staatlichen Betrieben produzierten Waren die eigentliche Mode der DDR dar. Vielmehr bildete sich in der DDR eine Mode aus, die sich durch eine Mischung von mehrheitlich westlichen, teils auch staatlich produzierten sowie selbst gebastelten, aus verschiedenen Ländern mitgebrachten und auf den Märkten verkauften, von Künstlern oder handwerklich geschickten Menschen gemachten Stücken definierte.

Wurde die staatlich produzierte Mode von der Gesellschaft der DDR meist abgelehnt, erlebte sie allerdings nach 1989 den Höhepunkt ihrer Popularität. Die DDR hörte am 3. Oktober 1990 als Staat formal auf zu existieren. Die Einführung der DM am 1. Juli 1990 beendete auch die Mangelwirtschaft: Einerseits endeten damit die Versorgungsschwierigkeiten und die Zeiten leerer Geschäfte, anderserseits standen aber viele DDR-Bürger vor dem Problem der massiven Arbeitslosigkeit. Viele Betriebe verloren ihre bisherigen Subventionen und kamen mit der Transformation zur Marktwirtschaft nicht zurecht. Ein solches Schicksal teilten auch die Mitarbeiter des Modeinstituts der DDR. Das Modeinstitut verlor nach dem Zusammenbruch des Systems seine Bedeutung, weil keine staatlich vorgegebenen Modetrends für die Industrie und den Handel mehr nötig waren. Durch die Vereinigung mit der Bundesrepublik Deutschland kam es auf dem Gebiet der ehemaligen DDR zur Eröffnung vieler Filialen der in Westdeutschland existierenden internationalen Modemarken, die den DDR-Bürgern schon lange bekannt waren. Die in der DDR produzierte Kleidung verschwand dagegen schnell aus den Geschäftsregalen. In diesem Kontext begann sich das Institut schon Anfang 1990 aufzulösen. Nach heftigen Entlassungswellen entschied man sich für die Geschäftsform einer GmbH und nannte das Unternehmen „Modeinstitut Berlin GmbH i.G.". Das Modeinstitut, das heute nur noch um die 60 Angestellte beschäftigt, entwickelt und produziert Unternehmensbekleidung, vorwiegend für Verkehrsunternehmen, Hotels, Sicherheitsunternehmen, Behörden sowie die Industrie.

Der schnelle Vereinigungsprozess wurde oft auch negativ bewertet. Durch die Privatisierung der ostdeutschen Wirtschaft gewannen vor allem die westdeutchen Unternehmen. Deren Kosten trugen aber die Ostdeutschen. Auf dem Markt in den neuen Bundesländern tauchten nur noch westdeutsche Produkte auf, während die ostdeutschen verschwanden, meist unter dem Deckmantel der Eliminierung alles sozialistischen und damit „schlechten". Dies verursachte eine noch tiefere Spaltung der bereits in „Wessis" und „Ossis" geteilten Gesellschaft. Die Westdeutschen waren enttäuscht, dass die Ostdeutschen für die finanziellen Anstrengungen Westdeutschlands nicht ausreichend dankbar waren. Die Ostdeutschen wiederum fühlten sich durch die Vereinigung diskriminiert und ihrem eigenen Land entfremdet. Dies trug zur Entstehung des Phänomens der „Ostalgie"[84] bei, auch wenn diese Sehnsucht nach verlorener Heimat meist nur eine Form der Suche nach Integration der Ostdeutschen war. In diesem Kontext gewann die bis vor kurzem noch abgelehnte Kleidung neuen Wert und neue Bedeutung. Die von den Jugendlichen lange Zeit abgelehnten Dederon-Parkas, Boxer-Jeans, Grisuten-Hemden und Malimo-Kleider werden zu hohen Preisen auf Flohmärkten und

[84] Dazu mehr: Thomas Ahbe, Ostalgie. Zu ostdeutschen Erfahrungen und Reaktionen nach dem Umbruch, Erfurt 2016.

in Secondhand-Läden gehandelt. Es werden „DDR-Parties“ organisiert, auf denen die Ostdeutschen vor allem nach Kontakten und gemeinsamen Erinnerungen suchen, wobei die Kleidungsstücke mit dem „VEB-Etikett“ zum Einlasskriterium werden. Die DDR-Mode, wie auch alle anderen Produkte der Alltagskultur, wurde somit zum Objekt marktwirtschaftlicher Strategien. Auf diese Weise überlebte die DDR-Mode den Transformationsprozess und lebt unter neuen Umständen bis heute fort.

Bundesarchiv Bild 183-1989-1206-011

Glauchau, Dezember 1989.

Süddeutsche Zeitung Photo Bild 00331213

Mode und Mannequins – Oktober 1990 in Leipzig.

Literatur

Agde, Günter (Hg.), Kahlschlag. Das 11. Plenum des ZK der SED 1965. Studien und Dokumente, Berlin 2000.

Ahbe, Thomas, Ostalgie. Zu ostdeutschen Erfahrungen und Reaktionen nach dem Umbruch, Erfurt 2016.

Böske, Katrin, Abwesend anwesend. Eine kleine Geschichte des Intershops, in: Wunderwirtschaft. DDR-Konsumkultur in den 60er Jahren, hg. v. Neue Gesellschaft für Bildende Kunst, Köln 1996.

Bundesministerium für Innerdeutsche Beziehungen (Hg.), DDR-Handbuch, Band 1, Frankfurt/Main 1985.

Ernst, Anna-Sabine, Mode im Sozialismus. Zur Etablierung eines „sozialistischen Stils“ in der frühen DDR, in: Ralf Rytlewski (Hg.), Lebensstile und Kulturmuster in sozialistischen Gesellschaften, Köln 1990.

Freiburg, Arnold / Mahrad Christa, FDJ. Der sozialistische Jugendverband der DDR, Opladen 1982.

Glaeßner, Gert-Joachim (Hg.), Die DDR in der Ära Honecker. Politik – Kultur – Gesellschaft, Opladen 1988.

Günther, Cordula, „Präsent 20“ – Der Stoff, aus dem die Träume sind, in: Wunderwirtschaft. DDR-Konsumkultur in den 60er Jahren, hg. v. Neue Gesellschaft für Bildende Kunst, Köln 1996.

Härtel, Christian / Kabus, Petra (Hg.), Das Westpaket. Geschenksendung, keine Handelsware, Berlin 2000.

Heldmann, Philipp, Konsumpolitik in der DDR. Jugendmode in den sechziger Jahren, in: Konsumpolitik. Die Regulierung des privaten Verbrauchs im 20 Jhr, hg. v. Hartmut Berghoff, Göttingen 1999.

Hoffmann, Dierk (Hg.), Die DDR vor dem Mauerbau. Dokumente zur Geschichte des anderen deutschen Staates 1949–1961, München 1993.

Honecker, Erich, Zur Jugendpolitik der SED. Reden und Aufsätze von 1945 bis zur Gegenwart, Band 1, Berlin 1977.

Jarausch, Konrad / Siegrist, Hannes (Hg.), Amerikanisierung und Sowjetisierung in Deutschland 1945–1970, Frankfurt/Main 1997.

Kaminsky, Annette, Wohlstand, Schönheit, Glück. Kleine Konsumgeschichte der DDR, München 2001.

Kosak, Eva u.a., Jugendlexikon – Kleidung und Mode, Leipzig 1988.

Lange, Günter, DDR-Jugend im politischen Wandel der 80er Jahre, in: Osteuropäische Jugend im Wandel. Ergebnisse vergleichender Jugendforschung in der Sowjetunion, Polen, Ungarn und der ehemaligen DDR, hg. v. Wolfgang Melzer, München 1991.

Lindenberger, Thomas, Volkspolizei. Herrschaftspraxis und öffentliche Ordnung im SED-Staat 1952–1968, Köln 2003.

Loschek, Ingrid, Mode. Verführung und Notwendigkeit. Struktur und Strategie der Aussehensveränderungen, München 1991.

Maase, Kaspar, Körper, Konsum, Genuss – Jugendkultur und mentaler Wandel in den beiden deutschen Gesellschaften, in: APuZ B45/2003.

Mählert, Ulrich, FDJ 1946–1989, Thüringen 2001.

Mählert, Ulrich, Kleine Geschichte der DDR, München 2004.

Melis, Dorothea (Hg.), Sibylle. Modefotografie aus drei Jahrzehnten DDR, Berlin 1998.

Menzel, Rebecca, Jeans in der DDR. Vom tieferen Sinn einer Freizeithose, Berlin 2004.

Merkel, Ina (Hg.), „Wir sind doch nicht die Meckerecke der Nation!“. Briefe an das Fernsehen der DDR, Berlin 2000.

Merkel, Ina, Utopie und Bedürfnis. Die Geschichte der Konsumkultur in der DDR, Köln 1999.

Neubert, Ehrhart, Geschichte der Opposition in der DDR 1949-1989, Bonn 1997.

Ohse Marc-Dietrich, Jugend nach dem Mauerbau. Anpassung, Protest und Eigensinn (DDR 1961–1974), Berlin 2003.

Pavitt, Jane, Fear and Fashion in the Cold War, London 2008.

Pelka, Anna, Jugendmode und Politik in der DDR und in Polen. Eine vergleichende Analyse 1968–1989, Osnabrück 2008.

Peters, Christian, Halbstark mit Musik: Der Rock’n’Roll erobert Deutschland, [w:] Rock! Jugend und Musik in Deutschland, Berlin 2006.

Pfannstiel, Margot (Hg.), Sibylles Modelexikon. ABC der Mode, Leipzig 1968.

Rauhut, Michael (Hg.) Bye bye, Lübben City. Bluesfreaks, Tramps und Hippies in der DDR, Berlin 2004.

Rauhut, Michael, DDR-Beatmusik zwischen Engagement und Repression, in: Kahlschlag. Das 11. Plenum des ZK der SED 1965. Studien und Dokumente, hg. v. Günter Agde, Berlin 2000.

Rommerskirchen, Eva (Hg.), Künstliche Versuchung. Nylon – Perlon – Dederon. Begleitbuch zur Ausstellung im Haus der Geschichte der BRD, Bonn 1999.

Schnierer, Thomas, Modewandel und Gesellschaft. Die Dynamik von „in“ und „out“, Opladen 1995.Schroeder, Klaus, Der SED-Staat. Geschichte und Strukturen der DDR, München 1998.

ndré, Von „Hauptaufgabe“ zu „Hauptaufgabe“. Wirtschaftsentwicklung der langen 60er Jahre in der DR, in: Dynamische Zeiten. Die 60er Jahre in den beiden deutschen Gesellschaften, hg. v. Axel Schildt u.a., Hamburg 2000.

Tonscheidt, Sabine, Frauenzeitschriften am Ende? Ostdeutsche Frauenpresse vor und nach der Wende 1989, Münster 1996.

Ulbricht, Walter, Fragen der Entwicklung der sozialistischen Literatur und Kunst, in: Zur sozialistischen Kulturrevolution, Berlin Ost 1960.

Weber, Hermann, Geschichte der DDR, München 1999.

Wiedemann, Dieter, Westprodukte aus Ostkanälen. Funktionen und Nutzung der Unterhaltungsmedien in der DDR, in: Unsere Medien, unsere Republik 10/1993.

Wolle, Stefan, Die heile Welt der Diktatur. Alltag und Herrschaft in der DDR 1971–1989, Bonn 1999.

Wutge, Vera, Mode für junge Leute, Berlin 1970.